Les Écoles Waldorf

Christof Wiechert

LES ÉCOLES WALDORF

Une introduction

Traduction de
Benoit Journiac

TRIADES POCHE
2015

Titre original :
Die Waldorfschule – Eine Einführung

Couverture : Photo de Charlotte Fischer. © Triades / C.F.

www.editions-triades.com
n° 34 dans la collection

ISSN 1275-6911 – ISBN 978-2-85248-383-5

Sommaire

« Si nous voulons progresser comme il convient dans cette école, nous avons besoin, plus que dans une autre, d'une coopération pleine de confiance avec les parents. Nos enseignants ont absolument besoin de trouver cette coopération pleine de confiance avec les parents des enfants. Car notre école est totalement fondée sur la liberté spirituelle. Elle s'intègre dans la vie culturelle générale comme une école libre au meilleur sens du mot. »

Rudolf Steiner,
allocution aux parents d'élèves
(13 janvier 1921)

Préface

Une école totalement fondée sur la liberté spirituelle ? À cet égard, l'ouverture de la première école Waldorf par Rudolf Steiner et quelques collaborateurs à Stuttgart en 1919 pour des enfants d'ouvriers constitue un acte culturel des plus novateurs. Steiner proposait en effet que l'éducation et l'enseignement soit pas confiés à l'État, pas plus qu'à l'Église, mais à ceux qui en portent directement la responsabilité : la communauté que forment les parents et les enseignants.

Il ne s'agit pas, en effet, de délivrer à l'école un savoir tout fait, en formatant l'enfant selon un modèle préétabli, censé servir une idéologie ou une catégorie sociale particulière, ni même la « nation », mais de favoriser les forces créatives de chacun, celles des élèves comme celles des enseignants. L'école se met au service de l'« humain », sans chercher à déterminer celui-ci à l'avance. L'école devient ainsi un lieu d'échange et de rencontre où chacun est unique, différent, et où l'on apprend constamment l'un de l'autre. Chacun est appelé à y développer ses forces individuelles, en aidant les autres et en se faisant aider par eux. L'être humain ainsi éduqué devient lui-même source de renouveau pour une société plus humaine.

Cet exercice des compétences sociales dans un groupe d'enfants du même âge, aux talents variés, n'est-il pas plus proche de la vie réelle qu'un apprentissage basé sur les notes, avec des élèves triés sur le volet et mis en compétition ? La sélection à l'école n'engendre-t-elle pas, de facto, une société à deux niveaux, où ceux qui ont « réussi » exploiteront ceux qui ont « échoué ». L'école Waldorf, au contraire, compte sur la coéducation. L'élève qui comprend rapidement comprend encore mieux s'il peut expliquer quelque chose à un camarade plus lent. Et ce dernier apprend mieux, lui aussi, s'il n'en est pas réduit aux seules explications du professeur. La résolution d'exercices par des équipes réunissant des compétences diverses est un défi pour la vie professionnelle où l'ingénieur sera amené à collaborer avec l'ouvrier, la comptable avec le juriste ou l'infirmière…

Des classes mixtes, où chaque enfant peut trouver son propre rythme, deux langues étrangères dès le primaire, un enseignement donné par périodes, l'éducation conçue comme un art, l'absence de redoublement et de notes, des appréciations adaptées aux progrès de chaque élève, la pratique de nombreuses activités manuelles et artistiques, l'autogestion de l'établissement, etc., autant d'innovations, parfois révolutionnaires, qui ont été impulsées par la première école Waldorf en 1919, au cœur d'une Europe dévastée. Aujourd'hui, cette pédagogie dite « alternative » s'est répandue dans le monde entier et connaît partout un succès grandissant, notamment dans les situations sociales les plus difficiles et dramatiques. C'est qu'elle n'est fondée ni sur l'ambition, ni sur la contrainte, mais sur la liberté et sur l'amour d'être l'humain à être humain.

Personne aujourd'hui ne peut dire ce que sera la société de demain, mais une chose est sûre, cette société se prépare à l'école. Et si l'on veut qu'elle change, il faut changer l'école. Dans cette perspective, les écoles Waldorf, partout dans le monde, peuvent apporter un germe de renouveau, pour autant qu'elles parviennent à maintenir leur impulsion fondatrice : être des foyers de création permanente, ce qui est loin d'être facile, et acquis !

Raymond Burlotte

Origine, présent et avenir

À l'issue de la Première Guerre mondiale, l'Allemagne traversa une période de chaos et de révolution. Un peuple tout entier devait retrouver ses repères dans des conditions de vie totalement anéanties et s'assurer ce faisant une nouvelle assise pour son existence. Dans cette situation d'urgence de l'après-guerre, diverses personnalités essayèrent non seulement de soulager la misère de la population, mais encore d'ouvrir la voie à de nouvelles formes sociales en espérant atteindre des effets durables.

Parmi ces agitateurs inspirés se trouvait le directeur de la fabrique de cigarettes Waldorf-Astoria, Emil Molt. Socialement engagé, il avait déjà mis en place dans son usine une formation continue pour les ouvriers (pendant le temps de travail!) ; il conçut l'idée de permettre aux enfants de ses salariés d'accéder à une formation allant plus loin que celle proposée par l'école d'État[1].

Molt était un élève de Rudolf Steiner, ce qui signifie qu'il s'efforçait de suivre un chemin de développement personnel et de travailler sur ses forces spirituelles. Beaucoup d'élèves de Steiner et de membres de la Société anthroposophique essayèrent à cette époque, en collaboration avec Steiner, de soulager les misères de l'après-guerre par une nouvelle organisation sociale, pour pouvoir envisager un avenir meilleur. Cette impulsion, connue dans les milieux anthroposophiques sous le nom de « triarticulation sociale », échoua dès ses débuts, malgré l'engagement hors du commun de nombre de ses porteurs.

Il est vain de se demander si les écoles Waldorf sont issues de cette impulsion de la triarticulation ou d'une évolution parallèle, car Emil Molt s'engagea sur les deux terrains : la fondation d'une école *et* la restructuration de la société. Ce qui est notable, c'est que l'école Waldorf naquit en un temps extrêmement court au beau milieu d'une période de tumulte et de chaos à Stuttgart. On peut le dire avec certitude : on doit à ces temps difficiles d'avoir obtenu l'autorisation de fonder l'« école d'entreprise ». Quelques années plus tard, la fenêtre temporelle se referma, et les administrations essayèrent de contraindre l'école à cesser son activité par « assèchement » : l'accord pour ouvrir la nouvelle première classe ne fut pas donné.

L'école pour les salariés de la fabrique Waldorf-Astoria commença ainsi en septembre 1919 à dispenser son enseignement à 256 élèves répartis dans huit classes portées par douze enseignants, dans un restaurant transformé du Kanonenweg de Stuttgart (aujourd'hui Hausmannstraße). La majorité des élèves étaient effectivement des « enfants de prolétaires », comme on disait à l'époque, et nombre d'entre eux étaient sévèrement sous-alimentés du fait de la guerre. Le médecin scolaire qui, dès le début, appartenait au collège des professeurs, avait fort à faire. Quelques années plus tard, lorsque l'école se détacha de l'usine, Molt prit des dispositions pour que l'entreprise continue dans tous les cas de payer les frais de scolarité de « ses » enfants. On peut considérer cette séparation comme le premier pas d'un nouveau mouvement pédagogique autonome, car peu de temps après la fondation de l'école de Stuttgart, des établissements analogues furent ouverts dans d'autres parties de l'Allemagne; par simplification, on les nomma aussi écoles Waldorf[2].

Parallèlement, l'impulsion de concevoir et de mettre en pratique une pédagogie fondamentalement différente, qui ne serait déterminée ni par l'État ni par une confession religieuse, mais par la « société civile » elle-même, prit bientôt une ampleur internationale. Dès les années 1920, c'est-à-dire durant la décennie suivant la fondation de Stuttgart, des écoles virent le jour en Allemagne (Essen, Hambourg, Cassel), en Suisse (Dornach, 1920), aux Pays-Bas (La Haye, 1923), en Angleterre (Londres, 1925), en Norvège (Oslo, 1926) et aux États-Unis (New York, 1928).

Mais peu après, un tableau effrayant se dessina : alors que les écoles commençaient à se répandre dans le monde, elles furent peu à peu fermées en Allemagne. Certaines accomplirent ce pas d'elles-mêmes, d'autres sous la contrainte : l'État totalitaire national-socialiste que l'Allemagne était en train de devenir ne pouvait pas accepter le principe fondamental de la pédagogie Waldorf, à savoir mener l'être humain en devenir à la liberté et à la détermination par soi-même. (Ce totalitarisme s'étendant à d'autres parties de l'Europe, les écoles Waldorf fondées entre-temps dans les pays occupés durent également fermer quand elles étaient identifiées comme telles par les nazis.)

Cela signifia pour l'Allemagne, une fois la Seconde Guerre mondiale terminée, procéder à une nouvelle fondation des écoles Waldorf sur les ruines du pays dévasté.

On peut comprendre, à partir de ce qui vient d'être relaté, qu'il ne peut y avoir d'écoles libres au véritable sens du terme, c'est-à-dire indépendantes de l'État et des confessions religieuses, dans des États totalitaires. Car une caractéristique de ces écoles est de ne supporter aucune forme de soumission.

Comment les écoles Waldorf se seraient-elles développées en Allemagne s'il n'y avait pas eu ce terrible coup de frein de la Seconde Guerre mondiale ? Il est bien sûr impossible de répondre à cette question, mais il est loisible de se la poser.

Dans les années qui suivirent ce conflit, le mouvement pédagogique s'étendit tout d'abord de manière modérée, aussi bien en Allemagne et en Europe[3] que sur d'autres continents. Dans la seconde moitié des années 1960 cependant, il connut un essor à l'échelle du monde. En Europe, la reconstruction coïncida avec le miracle économique, mais également avec l'attitude critique de la jeunesse qui, loin d'aspirer seulement à la prospérité et à des valeurs matérielles, demandait davantage à la vie que des carrières assurées. Cet élan, cette atmosphère de renouveau, conduisit à la fondation de nombreuses écoles et jardins d'enfants Waldorf en Allemagne et en Europe de l'Ouest.

Une poussée analogue se répéta vingt ans plus tard lorsque, dans l'URSS d'alors, la Perestroïka et la Glasnost firent resurgir l'espoir déjà enfoui de connaître une Europe qui ne serait pas divisée en deux camps. Cette ambiance d'espoir ne se limitait maintenant plus à la jeunesse ;

elle touchait aussi tout citoyen à la conscience éveillée. Lorsqu'ensuite le rideau de fer tomba effectivement et que les États totalitaires s'effondrèrent, l'enthousiasme s'éveilla : de nouvelles manières de vivre devenaient pensables et réalisables ! Comme les idéologies imposées étaient inculquées par les écoles d'État, le besoin de changement se dirigea vers l'éducation et la culture. On plaçait de grands espoirs dans un nouveau système scolaire. Ainsi naquirent de nombreuses écoles Waldorf dans des pays situés auparavant « derrière le rideau de fer ».

Des parents voulaient et veulent toujours une éducation qui s'oriente d'après l'enfant, une école qui présente un modèle de développement dynamique. Le critère décisif est la prise en compte du développement de l'enfant et non pas des seuls résultats scolaires. Cette aspiration est aujourd'hui perceptible dans le monde entier, simplement le contexte s'est transformé. Auparavant, c'était l'État gouverné de manière totalitaire qui instillait les idéologies exigées dans les projets de vie des citoyens par l'éducation ; aujourd'hui, la même chose se produit également dans les pays gouvernés démocratiquement. Leur conception de la formation vise maintenant entièrement les résultats, son organisation est rationnelle et opère une sélection darwiniste. Les principaux moyens pour que ces buts deviennent réalité sont la pression et le contrôle des résultats. La qualité est garantie par des méthodes de contrôle étroites dans lesquelles l'élève est utilisé en tant que producteur de ses résultats. Il en résulte une inversion. La raison d'être de l'école n'est plus dorénavant l'élève ; ce dernier est au service de la pérennité du profil de l'école. La tâche de l'enseignant se réduit à favoriser et à mettre en route la productivité de l'élève. Je considère cette caractérisation comme pertinente à l'échelle planétaire dans les systèmes scolaires étatiques.

Notre conception de la démocratie a négligé de mettre le système scolaire entre les mains de la société civile. La tâche de l'État est de garantir à *chacun* l'accès à la formation. Une fois cela accompli, l'art et la manière de mettre en œuvre la formation doivent être confiés à la société civile, c'est-à-dire à la volonté des parents. Ces derniers doivent décider le quoi et le comment de l'éducation.

Ces motifs plutôt extérieurs furent les raisons de l'expansion des écoles Waldorf, qui réagissent au malaise créé chez de nombreux parents par un projet de vie prédéterminé et « précoloré ». Quand ces parents avaient eux-mêmes dû vivre un tel conditionnement, ils voulaient au moins l'éviter à leurs enfants. Telle est l'ambiance qui présida à des fondations d'écoles et de jardins d'enfants Waldorf sur tous les continents. Aujourd'hui, en revanche, ce type de motivation concerne de plus en plus le « vieux continent » : des voix en nombre croissant demandent, à côté d'une transmission du savoir orientée vers les résultats, une pédagogie qui accompagne le développement de l'enfant.

C'est ainsi qu'en janvier 2014, il y a de par le monde environ 1 200 écoles Waldorf auxquelles viennent s'ajouter 1 600 jardins d'enfants Waldorf indépendants.

Une première rencontre avec l'école Waldorf à vol d'oiseau

Les bâtiments

Une chose est certaine: en Allemagne, on reconnaît les écoles Waldorf à leurs bâtiments. Ils ont souvent des formes originales qui, jusqu'aux années 1980, étaient à classer dans l'architecture organique: des toits imposants faisant penser à des chapeaux de champignons géants, des surfaces de toiture considérables, de nombreux murs non quadratiques et des fenêtres aux angles coupés. Une grande salle des fêtes occupe la place centrale dans ces écoles. La communauté scolaire s'y rassemble pour les fêtes cardinales, pour des concerts ou des représentations théâtrales des différents niveaux de classes et, dans de nombreuses écoles, encore pour les représentations des jeux de Noël. Ces derniers étaient pensés à l'origine comme un cadeau de Noël des professeurs aux élèves et à leurs parents.

Quand l'établissement a une certaine taille, on trouve aussi des salles de musique, des gymnases et des salles d'eurythmie, on traverse des ateliers de bois et de métal, des salles de dessin et de peinture, un jardin ; bref, le besoin en salles d'une école Waldorf n'est pas mince. La plupart du temps, le jardin d'enfants se trouve un peu à l'écart sur le même terrain ; il est cependant partie intégrante de la communauté de l'école. En premier lieu parce que les enfants des différences classes d'âge doivent grandir ensemble et, de ce fait, se percevoir mutuellement, et en second lieu parce que, selon les principes sociaux de l'école Waldorf, on accorde la même considération à tous ceux qui travaillent dans une telle communauté, que ce soit au niveau du lycée, à l'école primaire ou au jardin d'enfants. Cela signifie qu'une jardinière d'enfants, ou la personne qui s'occupe des petits l'après-midi, est tout aussi importante qu'un professeur de grandes classes dans son domaine. (À une certaine époque, les salaires étaient fixés en fonction de la situation de vie et des besoins et non en fonction du niveau de formation et de la fonction. Il y a encore des écoles qui cherchent des modalités actuelles pour cette forme sociale importante.)

Par ailleurs, on est frappé en se promenant sur le terrain de l'école, de voir des bâtiments colorés, aussi bien à l'extérieur qu'à l'intérieur :

des salles spécialisées aux tons joyeux, pleins de vie, la salle des fêtes se présentant sous une belle couleur, les salles des classes avec chacune sa tonalité propre. Et aux fenêtres du jardin d'enfants, des rideaux roses! Des dessins et des peintures des élèves ornent les couloirs; dans le hall d'entrée, on est accueilli par la sculpture d'un élève des classes supérieures ou d'un professeur d'art; bref, l'ensemble fait une impression artistique.

L'important n'est pas de savoir si cela plaît à tout un chacun, si l'on trouve cela nécessairement beau. Le but recherché est de créer pour les petits du jardin d'enfants et pour les élèves de l'école un environnement soigné esthétiquement, dans lequel ils séjournent volontiers. Car on sait que précisément les impressions sensorielles telles que la forme et la couleur agissent sur l'inconscient. Ce que l'on a vécu inconsciemment remonte à la frontière de la conscience en tant qu'impression générale. On se sent chez soi, on est content d'entrer dans ces locaux; à l'inverse, avec d'autres formes et d'autres couleurs, on pourrait se sentir étranger, inquiet, ou même repoussé. Ces ambiances se gravent dans la mémoire et colorent les souvenirs de la scolarité.

Le bâtiment de l'école est un second chez-soi pour des années, on y vit de nombreuses expériences et on y passe beaucoup de temps.

De toute manière, une école ne doit pas forcément ressembler à une caserne ou à une usine. (Même si quelques écoles Waldorf, en Allemagne et dans certains pays de l'Est ont transformé avec beaucoup de bonheur des bâtiments à l'allure de caserne en écoles aux couleurs joyeuses qui invitent le passant à entrer.)

Les élèves

Peut-on reconnaître un élève Waldorf? En hiver, les élèves de 3e et 4e classes[4] portaient autrefois des bonnets multicolores qu'ils avaient eux-mêmes tricotés; aujourd'hui, ce n'est «plus vraiment cool». Mais la spontanéité est demeurée, de même que la joie de vivre avec laquelle les élèves du primaire quittent l'école après les cours. On voit souvent des élèves aller à l'école avec des instruments, violons, violoncelles, cors, trompette ou même basson. Et parfois, les couloirs sont pleins d'instruments: c'est le jour de répétition de l'orchestre. Quand les élèves les plus âgés sortent de l'école l'après-midi, l'observateur remarque souvent l'absence du sérieux préformaté habituel. À sa place se manifeste une décontraction presque incontrôlée. On constate bientôt que ces adolescents sont ouverts et parlent avec aisance. Par ailleurs, les élèves des grandes classes sont plutôt un rien trop négligés dans leur apparence extérieure, voire débraillés. Malheureusement, comme tous ceux de leur génération, ils cultivent la « connexion électronique » jusqu'à l'excès, même quand ils ont mis au point en cours de physique un avertisseur électronique qui signale la présence dans la classe d'un portable non éteint.

Quand on a eu l'occasion, même une seule fois, d'entendre chanter, et avant tout de *voir* chanter, la chorale des grandes classes d'une école Waldorf au grand complet, on a cependant pu faire une expérience directe et bouleversante : celle d'avoir devant soi de jeunes êtres humains intacts et magnifiques, tels qu'ils sont et veulent être. Le reste est illusion.

Les enseignants

Le professeur Waldorf typique, « authentique » existe-t-il ?

De nombreuses histoires drôles circulaient autrefois à ce sujet. Le professeur Waldorf typique serait fondamentalement surmené et indisponible, parce que sa tâche exige trop de lui ; un professeur joyeux serait même plutôt suspect (travaille-t-il suffisamment ?).

Une chose est sûre : les élèves des grandes classes savent déterminer avec précision *qui*, parmi les enseignants de leur école, est un professeur Waldorf et *qui* ne l'est pas. Ils en font quotidiennement l'expérience.

« *Celui-ci ou celle-là ne connaît pas seulement sa matière, il nous connaît aussi. Il (elle) fait preuve d'originalité, de flexibilité, mais aussi d'obstination quant à ce qu'il (elle) veut atteindre avec nous ; par ailleurs, un professeur Waldorf n'a pas de chouchous !*

« *Ils s'adressent avec la même considération aux élèves qui ont vraiment du mal et aux têtes de classe. Leur enseignement est individuel, passionnant, intéressant et ils ont quelque chose à dire. Mais ils se soucient aussi de questions extrascolaires qui nous préoccupent. Ils sont philanthropes, possèdent une profondeur qu'ils montrent rarement, mais que l'on sent. Nombre d'entre eux incarnent pour nous un idéal digne d'être suivi, même si nous connaissons leurs limites et leurs chevaux de bataille.* »

On peut résumer ainsi ce que ressentent beaucoup d'anciens élèves.

Pour les classes du primaire[5], l'image est autre. D'une part parce que les anciens élèves peuvent déjà porter sur leur vécu un regard plus distancié, de l'autre parce que les situations diffèrent notablement les unes des autres. Il ne fait aucun doute que, chez un jeune écolier, ce n'est pas telle ou telle compétence du professeur qui reste dans la mémoire, mais bien plus sa faculté d'empathie à l'égard des élèves.

« Nous sommes-nous sentis protégés, avons-nous apprécié d'être avec elle ou avec lui durant tant d'années ? Comment dessinait-il au tableau, comment écrivait-elle, comment faisait-il du calcul avec nous, comment racontait-elle des histoires ? Pouvions-nous nous confier à lui ou à elle, nous sentions-nous compris ? Et quand nous avons grandi, devint-elle ou devint-il aussi "plus grand" ? »

« Ont-ils grandi avec nous ou bien sont-ils restés en route au point de s'adresser à nous en 5ᵉ classe sur le même registre qu'en 3ᵉ ? Étaient-ils bienveillants et savaient-ils s'y prendre avec les différents tempéraments et les différents caractères ? Et lorsque nous sommes devenus plus matures, en 7ᵉ et 8ᵉ classes, pouvaient-ils vraiment rassasier notre avidité d'apprentissage et de connaissances ? Ou bien cela devenait-il problématique ? Savaient-ils organiser artistiquement leur enseignement ? Ou bien des redites fréquentes nous ont-elles plongés dans l'ennui ? »

Contrairement à une idée reçue, les tâches des jardinières et jardiniers d'enfants prennent aujourd'hui davantage d'importance. Du fait de l'évolution à la fin du XXᵉ siècle et encore plus au début du XXIᵉ, on perçoit de moins en moins bien chez les enfants les phases de développement. Cela signifie notamment que la maturité scolaire, qui se situe classiquement à 6-7 ans, doit être précédée d'un processus préparatoire plus long. Faire entrer l'enfant dans des formes qui le conduisent à être prêt pour l'apprentissage scolaire a aujourd'hui d'autres conditions préalables, plus complexes qu'il y a seulement 25 ans. Mais bien des choses dépendent d'un temps de jardin d'enfants[6] réussi. En effet, il incombe aux jardinières et jardiniers d'enfants de transmettre aux petits les habitudes et les gestes de la vie quotidienne de manière tellement saine qu'ils pourront s'insérer harmonieusement dans la vie scolaire tournée vers l'apprentissage. Pour cette raison, l'école Waldorf prévoit dans son fonctionnement de travailler intensivement avec les jardinières et jardiniers d'enfants.

Les tableaux brossés ici correspondent à l'idéal qu'il faut présenter pour permettre au lecteur intéressé de se forger une base de jugement. Cet idéal repose sur des facultés humaines générales appliquées en pédagogie. Nous y reviendrons. Ces tableaux devraient être complétés par l'évocation des nombreux professeurs spécialistes dans leur diversité – les professeurs de musique, les professeurs de langues étrangères, de gymnastique et de sport, les professeurs d'eurythmie, les professeurs de jardinage, d'ateliers et de travaux textiles, d'informatique, de bois, de forge – bref: ils portent tous en eux les idéaux dépeints plus haut, il ne s'agit pas de paroles vides. À cela s'ajoute le collège des professeurs de grandes classes (et de classes moyennes – niveau du collège – pour les écoles ayant abandonné le principe du professeur principal qui reste huit années avec le même groupe d'élèves depuis le début du primaire) composé des enseignants en mathématiques, physique, chimie, biologie, histoire, géographie, histoire de l'art, langue et littérature, sans oublier, ceux qui se chargent du théâtre. L'école est vraiment tout un cosmos riche d'ouvertures sur le monde et de chemins vers le monde très diversifiés.

Si nous continuons à présenter l'idéal, nous ne devons pas oublier qu'entre les enseignants existe un lien spirituel tissé lors des réunions pédagogiques hebdomadaires durant lesquelles on travaille collégialement sur la vision de l'être humain. On échange sur les difficultés et les questions des enfants et des élèves et l'on apprend à les comprendre ; dans le collège des professeurs, on va tout faire pour stimuler un développement sain et intellectuellement correct de chaque élève. Dans ces réunions, on essaie ainsi de donner au cosmos qu'est l'école une forme dans laquelle on se connaît les uns les autres, on s'apprécie mutuellement et l'on développe de l'intérêt pour l'existence et le travail des collègues.

Dans ses *Lettres sur l'éducation du genre humain*, Lessing a donné trois images marquantes pour la compréhension de l'éducation. La première présente une hiérarchie : tout en haut se tient la loi puis, plus bas, les prophètes et en bas vivent les êtres humains. Quand l'être humain agit selon la loi, il plaît à Dieu. Dans la deuxième image, la loi descend et devient homme. Maintenant, les êtres humains vivent dans l'imitation dans l'*Imitatio Christi* (Thomas a Kempis). Dans la troisième, la loi s'incarne dans chaque individualité. Les êtres humains deviennent autonomes (*auto-nomos*, se donnant eux-mêmes leurs lois).

Ces étapes de formation existent encore aujourd'hui toutes les trois. Serait-il possible qu'il en existe une quatrième pour l'époque contemporaine ? Se pourrait-il que maintenant la loi ne vive plus (seulement) en chaque individu, mais que le stade d'évolution suivant soit une nouvelle interaction, une collaboration de nombreuses personnes pour la réussite d'une grande œuvre – comme Goethe l'indique dans son *Conte du Serpent vert* ?

Est-ce là le sens caché du fait que Steiner, dans la conception de l'école Waldorf, accordait une importante toute particulière à la collaboration et au travail de recherche en commun des enseignants ? Cette collaboration devait rayonner à partir des réunions de collège pour lesquelles il se livra à un entraînement intensif avec les enseignants de la première heure ; c'est là aussi la raison pour laquelle il fut décidé de ne pas confier l'organisation pédagogique et la responsabilité de l'école à un directeur ou à une équipe de direction.

Aujourd'hui, de nombreuses institutions, également des écoles Waldorf, doivent en quelque sorte se réinventer après une certaine durée d'existence; une nouvelle conception de la forme sociale adaptée à une école n'est pas aisée à trouver. De nombreuses écoles éprouvent des difficultés à mettre en pratique d'une manière adaptée à l'époque la forme de travail en commun que nous avons décrite.

Une seconde rencontre avec l'école Waldorf

Le quotidien

Comme partout, les élèves convergent le matin vers l'école à partir d'horizons variés. L'école Waldorf ayant parfois un caractère régional, il peut arriver que des bus scolaires fassent un ramassage; beaucoup d'élèves sont amenés en voiture; les élèves plus âgés viennent généralement sans leurs parents. Les élèves se regroupent pour aller au jardin d'enfants, dans les classes primaires, les classes moyennes ou les grandes classes. Selon une règle non écrite, les professeurs accueillent les élèves à la porte de la salle en leur serrant la main: une première salutation matinale.

Au jardin d'enfants

Les enfants du jardin d'enfants commencent à jouer jusqu'au moment où la jardinière les rassemble en cercle et entreprend avec eux l'activité préparée. On s'occupe des façons les plus diverses : on peut construire un château sur lequel on puisse grimper, réaliser de petits objets ou des décorations pour l'avent, aller en promenade ou jouer plus longuement à l'intérieur ou à l'extérieur. Dans tous les cas, la jardinière s'attachera à donner à la journée un rythme « qui respire » ; activité dirigée à côté de l'activité libre, jeu à côté du « travail » (peindre, mettre la table, ranger, faire la vaisselle) – tout ce qui met en route l'imitation et une activité pleine de sens est bienvenu. Et naturellement, il y a aussi un conte.

Les jouets sont majoritairement en matériaux naturels, non pas du fait d'un romantisme mal compris ou d'une « culture rétro », mais tout simplement pour permettre les impressions sensorielles les plus variées possible. Un coquillage révèle une autre texture qu'une pierre ; cette dernière diffère d'une pomme de pin ou d'une balle en laine. Dans une société sensoriellement pauvre, la culture des sens revêt une importance particulière. Les sens du toucher, du mouvement et de la vie (se sentir bien, se sentir mal, avoir faim, vouloir rester dehors), c'est-à-dire les sens appelés inférieurs, font l'objet d'une attention particulière ; on s'appuie sur eux pour saisir la corporéité de manière assurée, pour se sentir habiter en soi-même. La vie au jardin d'enfants est merveilleuse, insouciante, et se déroule au sein d'une communauté que les enfants ne vivent pas encore comme telle : tout est si neuf, si différent dans l'ici et le maintenant.

À cet âge, c'est par l'imitation et le jeu que l'enfant apprend le plus. Il agit en imitant les gestes accomplis par les adultes dans la vie quotidienne et rencontre le monde dans le jeu. On bannit tout apprentissage structuré au profit de ces entraînements fondamentaux. En raison de l'urbanisation de notre mode de vie, il y a aussi des jardins d'enfants qui, en accord avec les parents, passent chaque semaine une journée entière dans un parc ou dans la forêt. Dans de nombreuses écoles, les petits peuvent, sur demande rester également l'après-midi[7]. Après le repas, les enfants font la sieste, puis ils jouent à l'intérieur ou à l'extérieur – toujours sous surveillance – jusqu'au moment où l'on vient les chercher.

Dans les classes primaires

Les enfants qui se dirigent le matin vers les classes primaires sont accueillis à la porte de leur salle par le professeur de classe, homme ou femme. Ils sortent leurs affaires du cartable et, après un chant, un court récit, un poème dit en chœur ou une quelconque mise en route (rythmes frappés, calcul mental, etc.), la journée de travail commence avec les paroles du matin. Ce texte, qui évoque les règnes de la nature et l'être humain avec sa faculté de distinguer l'intérieur de l'extérieur, est destiné à diriger leur attention sur ce qui va suivre, à savoir l'apprentissage. Le matin, nous rencontrons ensuite une forme d'organisation inhabituelle propre à la pédagogie Steiner, la période.

L'enseignement par périodes

Longtemps avant l'invention de l'expression « enseignement par projet », Rudolf Steiner eut l'idée de l'enseignement par période : les deux premières heures de la journée (dans certaines écoles seulement cent minutes) sont dédiées pendant 3 ou 4 semaines à la même matière.

Il y a ensuite une récréation pendant laquelle les élèves peuvent manger leur goûter, puis les cours des « spécialistes ». Après la pause de midi, à nouveau des cours de spécialistes, plutôt des activités manuelles et artistiques qui peuvent également être pratiquées en heures doubles. Les cours de spécialistes de la matinée sont consacrées aux matières dans lesquelles l'entraînement joue un rôle essentiel : langues étrangères, mathématiques et langue maternelle (approfondissement sans apport nouveau, les acquisitions étant réservées aux périodes), eurythmie; l'après-midi devrait, comme on l'a déjà dit, comprendre les activités artistiques, c'est-à-dire les travaux textiles, (plus tard) les travaux d'atelier (bois, cuivre, etc.), le chant, la musique. Pour les élèves plus âgés s'ajoutent l'après-midi le sport, le jardinage, la menuiserie, la forge et le théâtre.

La forme idéale est ainsi le matin l'apprentissage réceptif (enseignement par périodes), puis l'apprentissage par l'entraînement et l'après-midi l'élément artistique et manuel. Quand on se rapproche de cette structure, on parle alors d'un emploi du temps hygiénique.

L'enseignement par périodes est ainsi réservé au matin. La durée plus importante de ce « cours principal » donne aux élèves et aux enseignants la possibilité de plonger plus profondément dans le thème et de l'éclairer sous différents angles. Les premières années, les matières ne sont pas encore enseignées strictement séparées les unes des autres. En effet, l'apprentissage de la lecture, de l'écriture et du calcul n'est pas limité aux périodes : on s'y consacre en permanence. Mais à partir de la 3e, 4e classe, l'enseignement par périodes au sens strict s'installe pour continuer jusqu'à la fin de la scolarité. Après la lecture, l'écriture et le calcul, il englobe la géographie, l'histoire, les mathématiques, la minéralogie, la physique, la chimie, l'astronomie, la géométrie, la biologie (zoologie, botanique, biologie humaine) et, dans les grandes classes, la littérature et l'histoire de la littérature, l'histoire de l'art, la géométrie plane et dans l'espace, l'embryologie, les sciences sociales, l'économie et l'informatique. Ce large éventail de matières manifeste la richesse de la culture dans laquelle nous vivons. Selon la conception des écoles Waldorf, ce que l'on demande à l'éducation, outre d'aborder les matières « canoniques », langue maternelle, mathématiques et anglais, c'est d'être en prise directe sur la culture qui nous environne.

La période permet, sans précipitation, d'accorder la place qu'elles méritent aux digressions auxquelles le sujet incite, et elle fournit aux élèves l'occasion d'élaborer les contenus pendant les cours. Un avantage très significatif de cette forme d'enseignement est la poursuite du travail commun dès le lendemain matin pendant un certain laps de temps. On sait bien que ce qui a été appris est plus présent le matin suivant que le jour de l'introduction. (La recherche sur le cerveau a prouvé que cette « digestion » de ce qui a été appris, c'est-à-dire la compréhension et l'utilisation, dans la mémoire explicite [ou déclarative] et la mémoire procédurale [implicite], a lieu durant la nuit qui suit l'apprentissage éveillé.) Comme on peut le montrer, l'efficacité de l'enseignement par périodes découle de ce rythme d'apprentissage qui s'étale sur des jours et des nuits.

Ce qui a été appris figure ensuite dans le *cahier de période* (ou dossier de période), réalisé (à partir d'un certain âge) lors de chaque période ; ce document soigné comprend, sous la forme de textes fournis par l'enseignant ou rédigés par l'élève, les principaux contenus des cours et, en outre, des dessins et des illustrations nombreux et colorés, en fonction, bien entendu, des possibilités et des talents de chaque élève. À notre époque de rationalisation et de rationalité croissant à l'infini, le plaisir procuré par cet aspect de la période et l'attention que l'on y consacre peuvent parfois disparaître, et, malheureusement, tous les enseignants ne parviennent pas à transmettre la joie procurée par la réalisation d'un tel document. On peut ainsi en arriver aussi à des « productions » bien maigres. Néanmoins, de nombreux anciens élèves conservent leurs dossiers de période comme un véritable trésor.

Ce qui vient d'être exposé éclaire les méthodes d'enseignement propres à l'école Waldorf ; on peut considérer le cahier de période comme l'inverse d'une méthode, et y voir aussi l'idée originale du portfolio :

les élèves rédigent eux-mêmes ce qui est à apprendre !

Un autre élément fondamental de la pédagogie Waldorf consiste en ce que l'enseignant *crée la méthode à partir de lui-même*. Si l'on veut réellement parler de pédagogie Waldorf, on doit se montrer à la mesure de cette exigence élevée. Cela présuppose que les professeurs s'approprient le contenu de leur enseignement d'une manière tellement individuelle et tellement intensive qu'ils le transmettent aux élèves sans qu'un élément étranger, une méthode préexistante, vienne s'interposer. Les enseignants se laissent inspirer par leur domaine et ils structurent, décident, transmettent, expliquent et apportent de l'aide à partir de leur propre maîtrise du sujet. C'est ainsi qu'enseigner et apprendre se réalise d'être humain à être humain.

On reproche parfois aux écoles Waldorf de cultiver seulement l'enseignement frontal ; il faut répondre à cela que, dès le début, l'art de l'éducation se fondait sur une *diversité de méthodes*. On peut aussi percevoir combien le chemin a été long entre le moment où cette exigeante liberté de méthode a été formulée et sa maîtrise. C'est aussi une des raisons pour lesquelles, ici ou là, un appauvrissement méthodique contre lequel on lutte énergiquement aujourd'hui a pu s'installer au cours du temps.

L'enseignement des « spécialistes », les langues étrangères

Dès la première classe, une ou deux langues sont enseignées deux ou trois fois par semaine dans des cours confiés à des « spécialistes ». Nul besoin d'expliquer en quoi l'apprentissage précoce des langues étrangères fait partie aujourd'hui d'une éducation normale. À l'époque de la première école Waldorf, par contre, cela fit sensation.

On peut enseigner les langues étrangères à partir de la première classe parce que les enfants l'apprennent de la même manière que leur langue maternelle, à savoir par imitation et non par le canal de l'entendement. C'est pourquoi, dans les petites classes, cet enseignement se base totalement sur le dialogue, sur le fait de parler les uns avec les autres. Pour le professeur, c'est fatigant, mais c'est la seule manière de faire acquérir aussi tôt des compétences en langues étrangères. De ce fait, l'enseignement des langues exige un savoir-faire pédagogique supérieur à la moyenne. En un temps assez court, le professeur doit accomplir beaucoup, et ce dans de nombreuses classes d'âges différents. L'efficacité est accrue quand un professeur (habile) peut donner les cours au même groupe d'élèves pendant plusieurs années ; la progression est ainsi assurée.

Les travaux manuels textiles et les travaux d'ateliers

Bien avant que les neurosciences n'aient montré combien le développement de l'habileté manuelle chez les petits enfants et les élèves est profitable pour l'intelligence, la pédagogie Steiner avait inclus le travail manuel textile dans le programme, aussi bien pour les filles que pour les garçons (ce qui était, là encore, très étonnant en 1919). Il faut avoir vu de ses propres yeux des enfants de première classe tricoter, en tirant la langue, dans un effort intense, puis... victoire, c'est réussi ! On peut alors jouer avec la nouvelle faculté en tricotant des bonnets multicolores, des étuis à flûte, des maniques. Ce sont des heures magnifiques.

Précisément en cours de textile, quand des automatismes sont déjà acquis, les petits deviennent loquaces et racontent tout ce qui leur passe par la tête, ou ce qu'ils ont sur le cœur. Quand on veut savoir quelque chose sur un enfant, on est bien inspiré de passer voir l'enseignante de travaux manuels.

À partir de la 5e classe, le travail d'atelier vient s'ajouter. Avec un nouveau matériau, le bois, on s'entraîne à sculpter des formes rondes et creuses ; à l'habileté manuelle s'ajoute maintenant l'utilisation de la force sous deux aspects : la force musculaire et la force créatrice de formes.

Dans les classes moyennes, ces matières se diversifient notablement. Les élèves apprennent à réaliser des vêtements qu'ils ont eux-mêmes dessinés en utilisant la machine à coudre ; en atelier, on passe à la vannerie, à la menuiserie et plus tard (dans les grandes classes) on peut élargir à la forge, au cuivre et à la métallerie (serrurerie). On peut trouver aussi dans des écoles Waldorf des ateliers d'orfèvrerie travaillant l'argent et des ateliers d'informatique. Bref, l'offre est importante et la plupart du temps, le véritable problème est de savoir comment caser tout cela dans l'emploi du temps sans mettre en péril l'équilibre entre l'apprentissage cognitif et l'apprentissage pratique.

L'eurythmie

L'eurythmie est une discipline de mouvement, pratiquée à raison d'une heure par semaine dans les quatre premières classes, et deux heures par semaine à partir de la cinquième. Dans de nombreuses écoles, les grandes classes réalisent des projets en eurythmie avec une semaine de travail intensif, ou présentent des spectacles de fin d'études. On voit aussi des jeux de classe[8] montés en incluant l'eurythmie ; quand, par exemple, on veut représenter la traversée d'une mer, l'eurythmie peut très efficacement être mise à profit. Cet art du mouvement créé par Rudolf Steiner rend visibles les paroles et les sons musicaux : musique visible, parole visible. En tant que matière, elle exerce un effet intégrateur, car elle permet de manière artistique aux facultés « du haut » de l'être humain (penser, ressentir, sentir) de s'intégrer dans les facultés « du bas » (action, volonté, utilisation du corps pour réaliser une forme artistique). Des présentations artistiques par des adolescents peuvent faire une impression profonde et durable.

Gymnastique, sport

En gymnastique également, l'école Waldorf veut suivre ses propres voies, en particulier par la gymnastique Bothmer, encore peu connue en France. On nomme ainsi les enchaînements de mouvements mis au point par Fritz Bothmer (1883-1941) à la demande de Steiner ; ils mettent la force en jeu autrement que la gymnastique courante, qui est également pratiquée, tout comme le sport, en fonction des installations présentes.

Dans de nombreux pays, les élèves des 5e classes des écoles Waldorf se rencontrent d'une manière interrégionale pour disputer ensemble leurs propres jeux olympiques. Cela ne sert pas nécessairement à devenir plus rapide ou plus fort ; on peut aussi distinguer ceux qui ont affronté leurs adversaires d'une manière particulièrement belle et élégante.

Musique

La musique fait partie de la vie. Que l'on soit doué ou non, la musique est un puissant moyen d'expression de l'âme, une orientation importante dans la vie et par la vie. Shakespeare le savait déjà, qui disait dans *Le marchand de Venise*: « *L'homme qui n'a pas de musique en lui et qui n'est pas ému par le concert des sons harmonieux est propre aux trahisons, aux stratagèmes et aux rapines.* »

Dès la première classe, les facultés des élèves dans le domaine du chant sont cultivées avec précaution, par le professeur de classe, s'il en a les capacités, ou par un professeur de musique. Si possible, tous les enfants doivent, au moins de manière élémentaire, se familiariser avec un instrument, de sorte que l'on puisse pratiquer la musique instrumentale. L'élève peut plus tard décider s'il veut poursuivre l'étude de son instrument ou non. La pratique du chant, quant à elle, est maintenue jusqu'à la fin de la scolarité.

Les classes supérieures sont bien inspirées quand elles donnent au professeur de musique la possibilité de former une chorale, car la musique est un art social. On joue ou l'on chante toujours pour un auditeur. Par ailleurs, une chorale des grandes classes peut être le lieu où l'on est actif socialement et artistiquement avec d'autres pour préparer un concert. Même chez les élèves profondément plongés dans la crise de la puberté, participer à un concert de chorale durant la période de Noël ne laisse nul cœur insensible. Des souvenirs de ce type font partie des trésors amassés durant la scolarité. Il en va de même pour le travail d'orchestre dans les classes moyennes ou les grandes classes ou pour la participation à un ensemble de cuivres dans les grandes classes.

Dans les grandes classes – une impression

Les élèves les plus âgés se dirigent eux aussi vers leur salle de classe quand ils arrivent à l'école le matin et les professeurs les y accueillent d'une poignée de main – comme dans les petites classes. Et cependant, l'ambiance, toute la manière d'être, est maintenant différente. L'enseignant ou l'enseignante est un spécialiste auquel un autre succède pour la période suivante. Les élèves n'ont plus le professeur de classe comme référent. Le groupe doit se souder et s'organiser avec l'accompagnement d'un tuteur ou professeur principal. Selon les pays et les écoles, le passage à ce nouveau système a lieu en 9e classe ou en 6e classe, alors avec une équipe réduite d'enseignants pluridisciplinaires. Quand il a lieu en 9e, cette classe se révèle souvent tumultueuse. Mais les professeurs des grandes classes savent, par leur présence d'esprit et leur humour, venir à bout des élèves parfois vêtus de manière hasardeuse.

Tous les cours devraient par principe être suivis par tous les élèves, y compris les mathématiques, la physique ou la chimie. L'ensemble des matières présentées plus haut vaut, de ce fait, pour tous, parce qu'elles s'insèrent dans un programme adapté à l'évolution d'un élève. Un exemple simple permettra de rendre cela plus clair : si l'on devait présenter, en histoire, une révolution en 6e classe, qu'elle soit française, russe ou allemande, on serait face à des élèves ne disposant pas encore de la maturité psychique suffisante pour saisir le thème. On pourrait donc leur enseigner seulement les faits. Un élève de 6e classe trouve par contre très intéressante la naissance de l'Empire romain et de sa civilisation. L'adolescent de 9e classe, lui, comprend tout de suite de quoi il s'agit quand l'histoire aborde une révolution, car son propre état intérieur est proche d'une révolution. On peut le sensibiliser à des thèmes de ce type. Ce n'est qu'un exemple de l'adaptation du programme, d'une manière générale, aux grands pas des phases d'évolution des élèves.

La sélection et la différenciation selon les facultés sont le plus possible retardées dans les écoles Waldorf, car la préparation des examens de fin d'études est considérée comme un but accessoire vers lequel on tend volontiers, et non comme le but suprême de la scolarité. Il importe bien plus de vivre intensément les éléments du programme et de se les approprier ; l'élève se développe avec l'aide de ce programme. Outre les contenus à apprendre, il propose avant tout également les expériences intérieures nécessaires ; si les élèves les font, ils réussissent aussi aux examens de fin de scolarité ou de fin de cycle. En lisant cela, on perçoit la tension entre les attentes des parents, de la société et des élèves et les accents mis par la pédagogie Steiner. Du fait de son identité, l'école Waldorf ne peut pas se considérer *seulement* comme une institution pour préparer à des examens, certes indispensables aujourd'hui, mais dont le rapport avec l'apprentissage et la culture est loin d'être évident.

Après le cours principal, les élèves des grandes classes ont eux aussi des cours de spécialistes ; dans les dernières classes, les thématiques approfondies englobent aussi la préparation à un examen.

En sciences exactes, les enseignants essaient de mener de front les exigences du baccalauréat et des considérations scientifiques élargies ; un véritable grand écart ! Ils sont convaincus qu'il est nécessaire de connaître aussi d'autres paradigmes scientifiques. La conception positivo-réductionniste omniprésente ne suffit pas. La phénoménologie, par exemple, propose largement matière à réflexion ; à côté de la théorie des couleurs de Newton on présente donc aussi celle de Goethe. On enseigne la physique moderne, mais en en cherchant le fondement. De la sorte, les questions existentielles sont éveillées chez les élèves : « *Quelle est ma vision du monde ? Et d'abord qu'est-ce que le monde ?* »

Celui qui se pose ces questions s'interroge aussi la nature de l'être humain « *Que suis-je et qui suis-je ?* » Pour des élèves à l'âge de l'adolescence, c'est un bienfait que la biologie humaine ne se limite pas à l'homme biologique, mais élargisse puissamment l'horizon par des questionnements anthropologiques.

De même que, durant ces années, la chimie organique et minérale révèle les fondements du monde, les rend compréhensibles, la biologie et l'anthropologie le font pour l'existence et la nature de l'être humain.

L'enseignement traditionnel de l'histoire est élargi par l'« observation symptomatique » recommandée par Steiner ; on ne se contente pas de présenter cette méthode, on la pratique. Comment apprend-on à « lire » un phénomène pour qu'il puisse être compris comme symptôme pour toute une évolution? Dans cette matière, des points de vue importants, voire renversants, peuvent apparaître et donner aux élèves une posture qui leur permettra d'affronter leur propre vie et ses événements sans a priori.

En 9e classe, le thème de l'humour joue un rôle de libération, d'allégement et de dégagement de la subjectivité exacerbée dont on souffre à cet âge; de la même manière, en 12e, la lecture d'œuvres choisies de la littérature mondiale conforte le jeune être humain en train de se trouver lui-même. Entre les deux se placent des périodes sur la poétique, sur les grands textes de la littérature européenne et sur l'épopée de la connaissance de soi qu'est le *Parzival* de Wolfgang von Eschenbach.

Les mathématiques suivent également avec les élèves un chemin d'évolution qui commence dans les grandes classes avec les équations, l'analyse combinatoire et les débuts de la statistique pour aboutir en 12e à une première rencontre avec les intégrales et le calcul différentiel. Or des univers séparent ces domaines! Ils ne feront pas de chaque élève un mathématicien, mais ils mettront en germe une riche culture générale.

Il en va de même pour les autres matières, parmi lesquelles on rencontre, à côté de la géologie, l'étude de l'économie mondiale tout autant que l'embryologie et la cosmologie. On apprend même, généralement en 11e classe, à réaliser une carte d'après des mesures faites sur le terrain en utilisant des connaissances mathématiques et géométriques.

Histoire des arts plastiques, histoire de la musique : le programme a des traits universels. Les éléments qui s'y rassemblent représentent une immense richesse culturelle destinée à être vécue intérieurement. À cela s'ajoutent encore les activités artistiques pratiques, c'est-à-dire le dessin, la peinture, le modelage, éventuellement la sculpture, et l'on se demande comment cela peut trouver sa place en quelques années seulement. Et effectivement, si l'on ne se saisit pas des choses de la manière juste, si les collègues ne travaillent pas dans le même sens (car il y a en outre des stages, des travaux individuels de fin de scolarité et une pièce de théâtre), le programme peut être surchargé ; dans ce cas, il n'atteint pas le but qu'il pourrait atteindre : préparer le jeune à vivre dans le monde en suivant sa propre voie. Mais on s'entend souvent dire avec étonnement : « *Comment les élèves peuvent-ils bien assimiler tout cela ? Et en plus avec élan et enthousiasme.* » Le programme n'est pas un programme d'austérité. Il reflète tout ce par quoi l'humanité est passée en se confrontant à elle-même et au monde. Tout jeune être humain a pleinement droit à recevoir une telle préparation à sa vie.

Le programme

Le fondateur de la première école Waldorf, Emil Molt, avait demandé à Rudolf Steiner de concevoir l'école, de lui donner un programme et de formuler les fondements d'une pédagogie conforme à l'époque. Il lui demanda également de mettre concrètement l'école sur pied, c'est-à-dire de nommer les enseignants et de diriger l'école dans la mesure du possible.

Steiner mit au point un programme qui se distingue des autres par le fait qu'*il tient compte du développement des enfants et des élèves et que, dans ses contenus, il stimule ce développement.* Ce que les enfants doivent apprendre n'est pas déterminé de façon dogmatique, mais en prenant en considération ce qu'il est *bon* pour eux d'apprendre et d'éprouver à ce moment précis de leur évolution. Il faut pour cela être convaincu du fait que les enfants se développent et que *ce qu'ils apprennent n'est pas indifférent.*

Il existe également d'autres manières de voir les choses, par exemple celle-ci : chaque enfant est individuel dans son développement et, de ce fait, devrait déterminer lui-même ce qu'il apprend et quand (certaines écoles alternatives fonctionnent selon ce point de vue). On rencontre également cet autre avis : le moment auquel on apprend quelque chose n'est pas essentiel, au fond, l'être humain peut apprendre tout à n'importe quel moment, si on l'intègre habilement à une méthode appropriée (c'est ce que pratique le constructivisme). D'autres encore ont cette conviction : peu importe le contenu, il suffit de le répartir judicieusement. Nous venons de brosser à grands traits une société mature au sein de laquelle on peut proposer une véritable *pluralité scolaire.* Une constitution démocratique rend cela possible et en même temps le garantit. En fin de compte, il incombe bien aux parents de déterminer quel enseignement ils veulent pour leurs rejetons.

Les écoles Waldorf perçoivent chez l'enfant et chez l'être humain en général des étapes d'évolution traversées par chacun avec une intensité et un rythme plus ou moins semblables. En *règle générale,* nous apprenons à nous tenir debout avant de marcher et de parler ; le penser se développe ensuite. Tous les élèves passent par ce que nous pouvons appeler la « maturité scolaire », les uns avant les autres, et également par les bouleversements psychiques qui entourent l'âge de 9 ans, par la puberté corporelle et psychique: d'une manière ou d'une autre, nous passons tous par ces étapes. Les garçons autrement que les filles. Et cependant, à 18 ans, ils se tiennent tous devant nous en tant que (presque) adultes. Un long chemin lourd de signification a été accompli jusque-là. Dans les écoles Waldorf vit la conviction que ces développements que nous venons d'évoquer se présentent sous la forme des rythmes perceptibles, même s'il peut exister des variations notables.

Ce chemin est le même pour tous, de la naissance jusqu'au moment où la période scolaire arrive à sa fin. Simplement, les uns suivent la direction principale le long de la grande rue, d'autres empruntent provisoirement des rues parallèles ou des ruelles, mais la direction principale subsiste: devenir adulte.

Le programme suit cette direction principale. On peut le comparer également à un chemin qui, en de larges courbes, gravit peu à peu la montagne et qui, une fois parvenu au sommet, offre un point de vue sur le monde dans toutes les directions.

Quel aspect ce chemin présente-t-il? On peut considérer la maturité scolaire comme la phase du développement de l'enfant durant laquelle la croissance et le déploiement ont atteint une première étape. Le chemin de développement se poursuit maintenant différemment : les forces de croissance et de déploiement poursuivent leur chemin, mais *en même temps* d'autres forces sont *libérées* qui permettent maintenant un apprentissage indépendant de la vie. À côté de l'apprentissage par le jeu et la vie, un apprentissage par l'apprentissage lui-même devient possible.

Les trois premières années d'école

Durant les trois premières années d'école, les enfants apprennent à lire, à écrire, à compter et se familiarisent avec deux langues vivantes ; le travail manuel textile aide au développement de la motricité fine (ce qui exerce une influence bénéfique sur l'intelligence), ils découvrent la musique par le chant, l'eurythmie s'adresse à leur motricité dans son ensemble, ils apprennent à écrire à partir du dessin et du dessin de formes ; en peinture, ils apprennent à manier les couleurs et ils entendent en outre des histoires et des récits : des contes en 1re classe, des fables et des vies de saints en 2e classe, des récits de l'Ancien Testament en 3e.

Une particularité : les enfants apprennent à lire à partir de ce qu'ils ont écrit eux-mêmes. Cela signifie qu'ils écrivent avant de savoir lire ! (La motricité, une faculté très ancienne du point de vue de l'évolution, soutient la lecture, une faculté plus récente.) Une autre particularité : on commence le calcul en pratiquant d'emblée les quatre opérations (et non pas seulement l'addition !), en s'appuyant sur les quatre tempéraments. Par l'utilisation simultanée des opérations, on peut bien saisir les caractères propres des nombres. Lorsque nous nous mettons en mouvement autour du nombre 24 en additionnant, en soustrayant, en multipliant et en divisant, il apparaît combien ce nombre est « riche ». Ainsi, à côté des facultés de calcul se développe un vécu qualitatif des nombres. L'espace numérique dans lequel on commence à se mouvoir ne doit pas nécessairement être restreint. De même que l'écriture est développée à partir du dessin, le calcul est introduit à partir d'actions effectuées avec des objets, des haricots, des galets, des marrons, ce que l'on trouve à ce moment-là.

On fait ensuite les premiers pas dans la découverte de l'environnement. On l'aborde de manière à ressentir ce qui, en lui, parle à notre âme ; par exemple, le petit perce-neige entre en conversation avec le grand sapin sombre : « *Le sapin se moque de la petite chose tout en bas entre ses racines, qui ne sera là que brièvement. Mais le perce-neige lui répond : j'ai beau être petit, j'ai déjà fabriqué dans le froid une jolie fleur blanche. Toi, avec ton grand tronc et tes solides branches, où sont donc tes fleurs? Et le sapin ne sait plus quoi répondre.»*

Cet exemple simple montre comment le programme tient compte du monde magique et moral des jeunes enfants. En même temps, de telles histoires incitent à réfléchir sur la manière dont les choses se comportent les unes par rapport aux autres dans le monde.

Une ambiance analogue à une soirée d'été s'étend sur la 3e classe. La phase durant laquelle nous parlons encore des petits enfants et durant laquelle nous ressentons encore cette nature particulière touche à sa fin. C'est comme un adieu au paradis.

Naturellement, les enseignants et en particulier le professeur de classe font en sorte que les objectifs d'enseignement soient atteints. En début d'année, ces derniers sont communiqués aux parents.

Le collège pédagogique détermine les objectifs de l'enseignement sur la base du programme général et sur la base du programme particulier à l'école.

Les classes quatre à six

Au cours de la 4e classe, une transformation subtile a lieu chez les élèves. Entre 9 et 10 ans, leur position par rapport au monde se transforme. Durant les trois premières classes, une « compréhension magique du monde » vit encore chez les enfants, il n'y a pas encore de séparation claire entre le sujet et l'objet. Les enfants croient au père Noël ou au lièvre de Pâques ; ils pensent que si, aujourd'hui, ils sont très gentils, alors la maîtresse ne se fâchera pas et même : « *Si j'arrive à retenir ma respiration jusqu'au prochain réverbère, j'aurai une bonne appréciation pour les exercices de calcul.* » Jusqu'à présent, la maîtresse apparaissait dans une lumière transfigurée ; tout à coup, l'enfant voit un bouton sur son nez ! Cela peut éventuellement être un petit choc. Bref, le monde devient plus objectif. Cela peut aller de pair avec un sentiment d'insécurité, avec de brèves phases de peur ; la relation saine et pleine de confiance aux personnes de référence et l'ouverture avec laquelle les enfants font face au monde vont peut-être connaître des faiblesses passagères.

Ce sont des moments subtils de changement, comme si le moral baissait, sans transformation radicale, mais les enfants ont besoin qu'on s'intéresse davantage à eux. Parfois, ces transformations difficiles à percevoir surgissent seulement vers la fin de la 4e classe. Dans tous les cas, il ne faut pas s'inquiéter de ce qui se passe là.

Le programme de l'école Waldorf réagit à ces transformations psychiques d'une manière très décisive. Quelques exemples. Le sujet des récits se tourne encore une fois vers un mythe de la Création, et maintenant celui de la mythologie nordique. Pourquoi? En 3e, avec l'Ancien testament, on a bien déjà abordé un mythe de la Création. Ici, dans le mythe nordique, la *fin* de la vie commune des habitants du Ciel et de la Terre apparaît en images, ce qui n'est rien d'autre que la fin d'une compréhension magique de l'univers: le crépuscule des dieux. Les hommes doivent se débrouiller seuls dans le monde, aucun des dieux n'est plus présent pour les aider. En 5e classe, les thèmes de narration montrera la suite à travers la mythologie grecque; comment les êtres humains apprennent à se développer de manière autonome et indépendante, à créer des civilisations. L'être humain se tient maintenant à égale distance du haut et du bas. Cela a été vécu de manière exemplaire par les demi-dieux Hercule et Prométhée, jusqu'au moment où les êtres humains purent le faire de manière autonome (Persée, Ariane, le sagace Ulysse).

Indépendamment de ces images, la transformation psychique se reflète dans le travail sur les fractions, dans le dessin de formes, où l'on exécute maintenant des entrelacs plus compliqués (comme sur les pierres tombales irlandaises) et dans l'approche de la grammaire c'est-à-dire de la structuration des phrases (syntaxe). En chant, on découvre la polyphonie par des canons, et même dans le travail manuel textile, on peut percevoir ce changement. Aussi étrange que cela paraisse quand les enfants apprennent le point de croix, un haut et un bas nettement séparés apparaissent pour la première fois : dans cette activité le dessus présente un tout autre aspect que le dessous. On peut trouver cela négligeable, mais il s'agit de côtés totalement différents, qui se comportent l'un par rapport à l'autre comme deux univers.

Durant cette période, on introduit également une nouvelle matière : la biologie, qui s'intéresse tout d'abord aux animaux. En quoi sont-ils donc différents des êtres humains ? Avec délicatesse, poétiquement, on fait sentir aux enfants que l'animal, sans se poser de questions, occupe la majeure partie de son temps à chercher de la nourriture, alors que l'homme, libre grâce à la station verticale, peut observer la création, l'admirer et œuvrer avec ses mains.

Cela posé, on décrit en détail quelques animaux. Le but n'est pas d'éveiller l'intérêt avec un savoir spécialisé ; c'est la caractérisation précise de l'animal qui doit s'en charger de sorte que les élèves s'approchent de sa nature profonde davantage par cette caractérisation que par l'observation des exemplaires présents au zoo. (C'est ainsi que le premier médecin scolaire à l'école Waldorf, Eugen Kolisko, condensa en une phrase brève, mais précise, la nature du lion: «*Le lion est un animal qui promet à l'avant ce qu'il ne tient pas à l'arrière.*» Cette formulation correspond bien à la morphologie de cet animal, mais aussi à sa physiologie: son tube digestif est étonnamment «étroit» de même que ses excréments.) On essaie en outre de présenter les animaux d'une manière qui montre les fonctions humaines, le système nerveux, le système rythmique et celui du métabolisme et des membres sous une forme plus belle, mais spécialisée. Et lorsqu'ensuite on voit à la fête du trimestre un «cirque d'animaux» avec des présentations adaptées, on se réjouit beaucoup.

La période de géographie est également nouvelle pour les élèves; on y met les éléments géographiques de l'environnement proche en relation avec l'histoire de la région dans laquelle habitent les élèves. La conséquence en sera d'éveiller l'attention sur l'environnement et son histoire. En 5e classe vient ensuite une première période d'histoire qui introduit soigneusement le passage d'une conception mythologique à une conception historique de l'Histoire. Une particularité: cette période ne commence pas avec l'homme de Néandertal, mais avec les premiers signes du développement d'une civilisation de la conscience, à l'époque de l'Inde ancienne.

En 4e classe, on introduit les fractions; en 5e classe, les nombres décimaux sont abordés. En 4e classe, on étudie la grammaire des catégories de mots, et en 5e on élargit ces connaissances à l'architecture de la phrase. Les récits de la 4e classe trouvent une fin dramatique dans le crépuscule des dieux (l'homme abandonné, l'enfant solitaire), en 5e classe brille le soleil hellène. Une nouvelle sécurité est acquise, une confiance en soi qui se reflète dans la relation équilibrée entre l'homme et le monde tel que l'Antiquité classique la vivait de façon exemplaire. Même si l'on continue la zoologie, l'accent est mis en 5e classe sur la botanique, et une nouvelle matière fait son apparition : le travail du bois.

On peut dire, quand on englobe du regard la scolarité entre 7 et 14 ans, que cette 5e classe et la plus harmonieuse.

On cultive dans les écoles Waldorf une belle habitude, celle de commencer la journée, le travail, par la récitation d'un texte appelé couramment « paroles du matin ». (Ce texte n'est pas à comprendre comme une prière.) Il en existe une version pour les classes un à quatre et une autre à partir de la 5e classe. Cette dernière décrit comment l'être humain en devenir, par l'apprentissage et le travail, commence à s'approprier le monde.

On peut fort bien ressentir pourquoi le changement de paroles du matin a lieu en 5e classe : les intérêts éclosent, des talents deviennent visibles, les tempéraments se précisent.

La 6e classe renforce ce qui a été appris jusqu'alors, mais en direction d'une nouvelle fermeté sur la terre : les élèves éprouvent la joie de maîtriser les différentes matières ; cela signifie qu'ils se sentent chez eux dans un univers qui s'élargit. Nous citerons quatre exemples parlants de cet élargissement du monde et de l'horizon de l'élève par les programmes : la géographie est complétée par une période de minéralogie (pas encore de géologie) ; les sciences exactes prennent leur départ avec une période de physique ; les thèmes de récit se tournent vers la civilisation romaine et par là vers la pensée juridique, vers le principe d'égalité ; en calcul, on continue d'exercer ce que l'on a appris auparavant, mais des calculs de nature sociale comme les intérêts, les prix d'achat et de vente et le pourcentage de bénéfice viennent s'ajouter. Le calcul d'intérêts préfigure le calcul littéral introduit en algèbre en 7e classe.

Il est plus facile d'accélérer un développement que de le ralentir et en même temps de lui donner de la consistance. Le grand biologiste Portmann a déjà attiré l'attention sur ce fait en comparant le développement de l'animal et celui de l'être humain ; il est parvenu à la conclusion que le développement animal avait une tendance à l'accélération (propulsif), alors que le développement humain tend vers une durée plus importante des différents stades et vers une maturation lente (retardant).

En 7e et 8e classes, il serait relativement aisé de mettre en scène une accélération massive vers la puberté par l'enseignement et l'action pédagogique. Il se révèle bien plus ardu de maintenir encore les élèves dans la prépuberté et de les faire mûrir par un enseignement orienté vers de vastes contextes et de larges points de vue. C'est ensuite que la spécialisation et les compétences très spécifiques d'une matière arrivent. La 7e et la 8e ont encore le droit d'être l'époque des grands gestes, des larges perspectives. De cette manière, le fait d'être conduit parvient progressivement à une fin.

Cela vaut aussi pour l'état intérieur des élèves. Ils ont quitté l'enfance sans être encore, et pour longtemps, des adultes. En réalité, ils n'ont plus besoin du professeur de classe, mais sans lui, ils sont vraiment désemparés. Ils veulent considérer le maître comme leur ami et leur compagnon, mais il faut en même temps qu'il se charge du bon fonctionnement de la classe.

Le programme aide les élèves à devenir «grands». La chimie s'ajoute maintenant à la physique et, à côté du calcul, on pratique la véritable algèbre et la véritable géométrie (cette dernière avait déjà commencé en 5e ou en 6e classe avec la géométrie à main levée). La biologie, qui s'était tournée vers les animaux et les plantes, subit maintenant un élargissement significatif : on observe l'être humain du point de vue de l'anatomie et de la mécanique (squelette et musculature), de même que la physique, dans cette classe, introduit les éléments généraux de mécanique (outils, leviers, poulies, etc.). Un an plus tard, on aborde la partie fonctionnelle de la biologie, c'est-à-dire les processus métaboliques, la circulation et les fonctions sensorielles.

En géographie, l'accent avait jusqu'alors été mis sur l'Europe ; on élargit cette matière en observant les cinq continents. En 7e classe, l'histoire introduit les grandes découvertes de la Renaissance, en 8e classe les révolutions, y compris la révolution industrielle. La machine à vapeur, les turbines, les moteurs à explosion, les moteurs électriques, la radio, la télévision, les ordinateurs : toutes ces inventions ont transformé le monde plus profondément que tous les affrontements guerriers réunis. Dans ces classes, les langues étrangères, le travail textile, le travail du bois, le chant et le jardinage figurent toujours au programme.

Cette liste (non exhaustive) permettra sans doute de comprendre de quelle manière le programme se tourne fermement vers le monde et vers une compréhension objectivisée de l'être humain ; ce faisant, il est d'une étonnante richesse. Enseigner dans ces classes pose de grandes exigences à la culture générale du professeur, à son savoir-faire pédagogique et sa mobilité. Celui qui parvient à satisfaire ses besoins passe deux années merveilleuses avec cet âge «entre les culottes courtes et les culottes longues».

Quelle que soit la décision prise par l'école, quant à la poursuite du fonctionnement avec un professeur de classe ou la mise en place de «classes moyennes», ces deux années sont en même temps le couronnement de l'enfance et les adieux à cette période.

La 7e et la 8e classe

Dans de nombreuses écoles, on introduit à partir de ces classes (parfois à partir de la 6e) des «classes moyennes». Cela signifie que le professeur de classe des années précédentes est remplacé par un collègue spécialisé dans ces deux niveaux ou par une équipe pluridisciplinaire réduite.

Quelle que soit la manière choisie pour la conduite de ces classes, le principe pédagogique de l'élève en train de se développer et l'écho que l'on en trouve dans le programme restent inchangés.

Les grandes classes

La 9ᵉ et la 10ᵉ classe

En psychologie, un débat est ouvert : le développement de l'être humain est-il continu ou s'opère-t-il par étapes et, si oui, y a-t-il des sauts entre les étapes, voire des ruptures ? Actuellement, on considère que le développement est continu et strictement individuel, qu'il ne montre en lui-même aucune étape et que chaque enfant, chaque être humain est unique par son patrimoine génétique et sa socialisation. En outre, la faculté d'apprentissage de l'être humain ne serait liée à aucun âge spécifique. Selon l'opinion courante aujourd'hui, les enfants déterminent eux-mêmes quand et comment ils veulent ou ils peuvent apprendre. Voilà où l'on en est. Dans dix ans, le tableau se présentera peut-être tout autrement si, entre-temps, la recherche sur la formation et l'apprentissage fait de nouvelles découvertes.

Steiner, pour sa part, défendait clairement le point de vue que l'être humain en devenir se développe en faisant des sauts. C'est ce que semblent montrer les rituels d'initiation cultivés par les civilisations anciennes et auxquels on s'intéresse à nouveau ici ou là.

Dans les écoles Waldorf, nous considérons les passages du jardin d'enfants à l'école primaire et le passage des classes moyennes aux grandes classes comme des étapes. Des étapes qui marquent une nouvelle phase de la vie, que l'on pourrait effectivement aussi célébrer. Le passage en grandes classes est marqué par le retrait de la personnalité qu'était le professeur de classe (ou celui de l'équipe restreinte) au profit de spécialistes comme un lycée classique les connaît également. À partir de ce stade, les professeurs vont agir à partir de la pleine compétence dans leur domaine et à partir de leur désir profond de vouloir transmettre leur savoir aux élèves. Ils sont à juste titre des spécialistes de leur matière. Celui qui vit cela de manière convaincante est perçu par les élèves des grandes classes comme authentique, une expérience très riche pour les élèves.

Le programme, quant à lui, essaie en premier lieu d'apporter une aide dans le tumulte et l'agitation de la puberté. Par exemple, quand le thème principal est l'histoire des révolutions. De même, dans l'enseignement de la langue maternelle, quand les élèves apprennent à manier l'humour verbal sur l'arrière-plan d'œuvres littéraires humoristiques, on perçoit combien le programme est salvateur. On le remarque encore en particulier quand les mathématiques nous montrent comment trouver en quelques minutes par la pensée une solution qui, dans la pratique, aurait pris des mois (comme dans des problèmes posés en analyse combinatoire) ; les élèves font ainsi connaissance, à côté de la puissance des sentiments, qu'ils connaissent déjà, avec celle de la pensée.

En chimie, les élèves pénètrent profondément dans les mystères de la chimie organique ; ils travaillent sur le sucre, l'amidon, la cellulose, la fermentation alcoolique, la fermentation et la distillation, les fermentations aérobies et anaérobies, la production et les caractéristiques de l'éther, des esters et des substances aromatiques. La physique se poursuit avec la thermodynamique qui débouche sur l'étude du fonctionnement de la machine à vapeur, du moteur Stirling, des moteurs à explosion (moteur à quatre temps, moteur à deux temps, moteur diesel, moteur à réaction et moteurs de fusée). La simple lecture de cette énumération éveille un chaleureux intérêt pour le monde, dont les jeunes gens et les jeunes filles peuvent faire l'expérience de la même manière. Et l'on sent tout de suite combien il est difficile de laisser totalement ou partiellement de côté des sujets aussi intéressants à cause du baccalauréat, ou d'en réduire l'ampleur jusqu'à les rendre méconnaissables. Mais l'expérience montre aussi que, lorsque nous prenons le temps de réaliser un enseignement tel qu'il est décrit ici, les élèves se nourrissent de l'intérêt pour le monde, ce qui atténue les difficultés de la puberté.

La 10e classe se trouve encore partiellement sous le signe de ce comportement pubertaire, mais, vers le milieu de l'année, le soleil de la raison nouvellement acquise fait une percée. On envisage dorénavant la vie avec assurance.

En littérature, on se consacre maintenant à une période sur la métrique et la poétique ; on découvre le style épique, le style lyrique et le style dramatique. Une fois ces nuances connues, on les utilise dans l'écriture de textes. Les élèves commencent à fréquenter les grandes œuvres de la littérature de leur langue maternelle. En histoire, il se produit quelque chose de particulier. Les civilisations anciennes abordées dans les petites classes sous la forme de récits imagés reviennent, cette fois dans le contexte des grandes périodes de l'histoire de l'humanité. Ces deux éléments combinés éveillent ce que Goethe nomme «*anschauende Urteilskraft*» (faculté de juger intuitive). Les grandes civilisations de l'Inde, de l'Iran, les civilisations urbaines de la Mésopotamie, de l'Égypte, de la Chine, de la Grèce, les colonies grecques (Alexandre le Grand), la philosophie grecque et, pour reprendre les termes de Nietzsche, «*la naissance de la tragédie*» constituent des points de vue qui illustrent un chemin de l'évolution de la conscience humaine.

La géographie se tourne d'une part vers l'intérieur de la terre, vers la lithosphère et la tectonique des plaques, de l'autre vers ses enveloppes (atmosphère, stratosphère) et vers la compréhension de base de la météorologie (ce qui peut donner l'occasion de séquences d'observation intéressantes). La chimie aborde l'inorganique et les mathématiques apportent une quantité de procédés nouveaux: équations du second degré, logarithmes (lois du calcul logarithmique, échelles logarithmiques dans les sciences exactes). Ensuite, les élèves apprennent en géométrie à traiter les cercles et les droites, on introduit la trigonométrie et, s'il reste du temps, on peut ajouter la géométrie descriptive. Le stage de topographie est une autre caractéristique de la 10e classe: en procédant à des relevés en plein air, les élèves apprennent à utiliser en pratique la triangulation.

Nous ne visons pas l'exhaustivité: il s'agit de montrer ici la richesse incroyable du programme et son lien avec la croissance et le développement des élèves. Pour compléter le tableau : autrefois, cette classe comprenait de la sténographie (!), du secourisme et un cours hebdomadaire de technologie, afin que les élèves comprennent les éléments techniques dont ils auront besoin dans la vie. La suggestion de Steiner était que l'on connaisse au moins les principes de la technique utilisée dans la vie courante, afin d'en rester le maître, et non pas d'en devenir le serviteur. Une exigence très compréhensible dans la deuxième décennie du XXIe siècle.

La 10e propose également des pratiques artistiques et artisanales ; la peinture, le dessin, le modelage et la musique continuent de jouer un rôle important. La chorale des grandes classes (éventuellement l'orchestre) prépare des représentations, et l'on se demande à nouveau comment les élèves et les enseignants parviennent à faire cohabiter tout cela en une année scolaire. (Certaines écoles proposent en plus un stage forestier cette année-là !)

On peut dire en résumé que le programme des écoles Waldorf veut au fond préparer à la vie ; de par sa nature, il n'est pas *seulement* destiné à préparer un examen, quel qu'il soit. Bien évidemment, les écoles Waldorf ont la tâche sociale de permettre à leurs élèves de réussir les examens nécessaires à la poursuite de leurs études. Ce qui a été exposé permet de comprendre qu'un tel objectif peut altérer la mise en œuvre du programme établi en fonction du développement de l'élève si le collège des professeurs n'installe pas tout à fait consciemment les conditions appropriées.

La 11e et la 12e classe

On déduira de ce qui précède que les perspectives offertes par le programme deviennent en 11e et 12e classes de plus en plus larges et puissantes ; la montagne est bientôt gravie, la vue devient libre.

Un exemple : la littérature, en 11e, aborde la grande épopée de Wolfram von Eschenbach, *Parzival.* Une œuvre d'une profondeur insondable. Elle donne aux élèves la possibilité de pénétrer dans les énigmes de la biographie et en même temps d'avoir sous les yeux la loi de l'éducation de soi-même (après l'éducation reçue en tant qu'enfant). Pour que le « *chaste fol* » puisse à la fin devenir « *roi du Graal* », son âme doit passer par des développements et des renoncements ordonnés par le « soi supérieur » à sa forme inférieure déformée (Kundry). C'est le seul moyen d'atteindre le « *Saelde* ».

Puis la littérature en 12e : la littérature mondiale ! Dostoïevski, Goethe, Tolstoï, Schiller, Handke, Emerson, Strindberg, Gras, Shakespeare,

Racine, Hugo, Camus[9] – bref : le regard sur une compréhension de l'homme et du monde par la littérature est grand ouvert !

Il en va de même au fond pour toutes les matières. La cartographie est une période particulièrement précieuse en 11e. Après la géologie en 9e, la topographie en 10e, cette matière arrive maintenant en 11e : les élèves apprennent à dessiner une carte d'un pays et du monde correcte mathématiquement et géométriquement avec les « déformations » nécessaires (projection à réaliser du fait de la courbure de la terre). En 12e, tous ces domaines sont réunis en une période qui englobe l'économie, la géographie, l'ethnologie et les sciences naturelles ; le couronnement des matières. On pourrait en dire autant des mathématiques ; elles parviennent à un aboutissement avec le calcul différentiel et le calcul intégral. La géométrie se penche sur la géométrie vectorielle et culmine avec la géométrie projective. S'il restait du temps, ce qui, en général, n'est pas le cas, on pourrait rassembler en un tout les mathématiques, l'astronomie et l'embryologie, ce qui donnerait une conclusion générale.

La chimie aborde le système périodique et la structure de la matière. Non pas comme un schéma, mais comme une découverte faite par les élèves. « *Il est très différent de prendre le système périodique comme point de départ ou bien de le traiter comme une découverte importante et étonnante»* (F. Julius). Viennent ensuite des aperçus de biochimie : enzymes, hormones. Cela conduit à l'homme : réactions immunitaires, empoisonnements de l'homme et de la nature, dans la perspective d'une chimie conforme au monde et à l'être humain. Les questions d'écologie et de développement durable deviennent existentielles en chimie. En physique, on traite de la radioactivité ainsi que des théories sur la nature de lumière.

En partant de l'embryologie (et de ses analogies avec la cosmologie), la biologie parcourt encore une fois toute la zoologie et, parvenue à l'être humain, elle aborde les domaines sensibles de la fécondité et des transplantations d'organes.

Souvent, les élèves montent en outre à la fin de la 11e ou de la 12e classe une grande pièce de théâtre ou une comédie musicale, et font un voyage artistique de fin d'études. Ces dernières vingt années, une tradition est née : les élèves réalisent également un projet de fin d'études, parfois appelé chef-d'œuvre. Ils travaillent individuellement sur un thème qu'ils ont choisi et présentent leurs résultats en public. Le projet doit comporter à la fois une partie théorique et une réalisation pratique. Un élève s'est par exemple intéressé à la construction navale, l'a présentée par écrit, mais il a également construit une petite embarcation (du type Optimist). Un autre conçoit un costume de scène pour un personnage d'opéra. Il étudie la psychologie des personnages, dessine le costume, le fabrique et le montre. Un autre élève met au point un distributeur automatique utilisable par des aveugles et construit effectivement une face avant pour cet appareil. La liste des thèmes est infinie. Dans certaines écoles, les élèves réalisent également ensemble une présentation d'eurythmie de fin d'études. (Les élèves des différentes écoles peuvent aussi se montrer mutuellement leur réalisation.)

Mais ce qui trouve son épilogue, c'est effectivement la composition du programme. On peut dire ici à bon droit que, même si l'être humain apprend durant toute sa vie, le programme en tant qu'œuvre d'art globale est maintenant achevé. La 13ᵉ classe, là où elle existe, sert exclusivement à préparer le baccalauréat. Elle n'a plus de programme Waldorf à proprement parler, même si, à la demande des élèves, on fait ici ou là une pause dans le bachotage pour chanter ou faire de l'eurythmie.

La pédagogie

L'école Waldorf se fonde sur une pédagogie exposée et mise en œuvre par Rudolf Steiner (1861-1925), le fondateur de l'anthroposophie. On peut traduire anthroposophie par « conscience de son état d'être humain ». C'est une conscience présente chez tous les hommes, mais la plupart du temps en sommeil, inconscient. L'anthroposophie se propose, en nous aidant à nous éveiller, de nous faire prendre conscience de plus en plus largement et de plus en plus profondément de notre état d'être humain. Une conséquence particulière de cet éveil est une compréhension élargie de l'être humain ; cette conscience de soi-même ne constitue pas une limitation, mais au contraire un élargissement de l'horizon que nous pouvons connaître et comprendre.

Cette compréhension élargie de l'être humain ne limite pas celui-ci à son corps et à son psychisme ; elle considère qu'une entéléchie singulière, unique est à l'œuvre en lui. Cette entéléchie, cette individualité, *est* et *devient* en même temps. Chez l'enfant, elle est présente, mais encore cachée. La tâche de l'éducation est d'amener cet élément dissimulé à la floraison. De même que la graine du rosier ne donne pas tout de suite une fleur, mais grandit pour former tout d'abord un arbuste qui doit fabriquer un tronc, des branches et des feuilles et, au bout d'un certain temps, un bouton qui donnera une fleur, l'enfant évolue. Il doit croître, devenir. Ce qui est en germe en lui veut se déployer en une fleur, c'est-à-dire être conduit au stade où il prend en main son destin. Cette croissance nécessite du temps, chez l'être humain comme chez la plante.

L'espèce « homme » a ceci de caractéristique et de très important que l'individu ne peut pas réaliser seul cette croissance. L'être humain a besoin de l'attention de l'autre. Il a besoin de l'éducation. L'être humain, l'enfant, a besoin de l'autre pour pouvoir un jour être tout à fait autonome. L'enfant, tant qu'il est tout petit, a besoin d'une attention aidante pour presque tous les actes de la vie. Quand il est un peu plus âgé, c'est par l'imitation que cette attention agit, ce que l'on peut voir par exemple dans l'acquisition de la langue maternelle. Il apprend de cette manière à accomplir des actes importants de la vie quotidienne : s'habiller, se laver, manger, dessiner, se tenir bien.

C'est seulement dans le jeu que le petit enfant est pleinement lui-même ; il utilise des éléments imités, mais constitue et édifie son propre univers avec eux. Puis la station verticale, la marche, la parole, l'écoute et le penser s'installent et se consolident ; une capacité élémentaire à agir en découle. En d'autres termes : jusqu'à la maturité scolaire, vers les 6-7 ans l'enfant a déjà effectué un apprentissage prodigieux, mais la plupart du temps inconscient, concernant les actes de sa propre vie quotidienne. Vers le moment de la maturité scolaire, l'attention prend un autre caractère. L'imitation des actes disparaît (peu à peu) et devient une imitation intérieure, une imitation intentionnelle. L'enfant va vouloir imiter des contenus qu'il perçoit chez un autre. Il veut apprendre, non plus de la vie, mais d'un autre être humain auquel il peut offrir son attachement. Si cet autre être humain en est digne, l'enfant éprouvera un penchant à apprendre. On peut appeler cela l'attachement à une autorité aimée. (Un enfant peut aussi apprendre par contrainte ou sous la pression de la concurrence. À l'école Waldorf, on renonce à ces moyens par souci de ne pas causer les dommages psychiques qui en résultent.) Cette relation à une personne aimée, pour laquelle on apprend aussi parfois des choses qui ne font pas seulement plaisir, dure des années. Mais elle se transforme en permanence. L'enfant grandit de plus en plus, ses talents commencent à s'épanouir, ses limites deviennent également visibles. L'apprentissage s'élargit considérablement, et l'enseignant ou l'enseignante se transforme en accompagnant cette croissance. Sa manière de s'adresser aux élèves, sa manière d'enseigner évoluent aussi, sa compréhension du jeune être humain s'élargit, bref, il est bien toujours lui-même, mais il se transforme. Sa manière d'être est faite tout à la fois de mobilité et de constance.

Et c'est comme une seconde imitation : les petits enfants devenus des élèves font l'expérience de professeurs qui accompagnent leur devenir, qui grandissent en même temps qu'eux, qui sont autant en chemin que leurs élèves.

Une autre période importante de l'existence vient ensuite : la puberté. (Steiner utilise un beau néologisme : *Erdenreife*, maturité terrestre ; il faut garder à l'esprit que maturité sexuelle ne signifie pas aujourd'hui en même temps maturité psychologique. Actuellement, les deux pas d'évolution, le pas psychique et le pas physiologique sont séparés par quelques années.)

L'attention portée par les adultes, les enseignants, se transforme maintenant de manière radicale. Le jeune homme ou la jeune fille, encore bouleversé par tout ce qui lui est arrivé durant sa jeune existence, rencontre dorénavant des enseignants qui mettent tout en œuvre pour préparer les adolescents à la vie et au monde à partir de leur propre personnalité liée à leurs compétences spécialisées. Et si le jeune a la chance de rencontrer à cet âge des maîtres dont l'authenticité résulte de la fusion entre leur savoir et leur être, alors une troisième grande phase d'imitation, encore plus intériorisée, peut commencer. Elle s'exprime par une faculté d'enthousiasme pour une personne et ses capacités. Cet enthousiasme introduit le jeune dans le monde et dans ses significations. On croise fréquemment des personnes ayant eu la chance de rencontrer des professeurs dont la personnalité reste importante dans leur mémoire.

La capacité à rencontrer les autres s'éveille durant cette phase de l'adolescence. Les rencontres acquièrent par là une signification bien plus large, marquante pour toute l'existence. Puis vient pour les élèves le moment d'entrer dans la vie, riches en savoir, en savoir-faire et en souvenirs.

Pédagogie pratique

Pour pouvoir mettre en œuvre cette pédagogie, les enseignants ont besoin d'une bonne maîtrise de la connaissance de l'homme élargie évoquée plus haut. Car cette dernière les aide à comprendre les petits enfants, les élèves du primaire et les adolescents. Steiner a donné pour cela une large palette de critères. On peut aisément penser à tort que ces outils de perception servent à l'identification et à la classification. Mais ce n'est pas le cas. Ils sont de simples aides à la compréhension. Utilisés en ce sens par les enseignants, ils facilitent le contact avec les petits du jardin d'enfants, les enfants d'âge scolaire et les adolescents. Ce contact véritable est le fondement de toute éducation.

Le tempérament

On peut mieux comprendre un élève en connaissant son tempérament. La notion de tempérament est évidente pour la conscience naïve. Les élèves se présentent sur un mode actif (colérique), communicatif (sanguin), constant (flegmatique) ou intériorisé (mélancolique). Généralement, deux tempéraments prédominent chez un enfant, l'un principal, l'autre secondaire. Ces mélanges de tempérament peuvent se modifier au fil des ans.

Comprendre cela est une chose. S'adresser au petit enfant, à l'élève, en fonction de son tempérament en est une autre ; c'est là que commence l'art de la pédagogie. En parlant avec un élève, nous adoptons comme si cela allait de soi la coloration due à son tempérament. Nous apprenons à nous adresser aux élèves, à calculer, à raconter, à donner des exercices de grammaire avec différentes nuances de tempérament. Cela introduit de la vie dans la classe et aide les élèves à se « sentir compris ». En fin de compte, le professeur lui-même apprend à connaître et à maîtriser les particularités que lui confère son propre tempérament.

La constitution

Que chez l'élève, mais aussi chez le professeur lui-même, le côté intellectuel, le côté affectif ou le côté actif prédomine n'est pas non plus sans importance. Un enfant surtout présent « dans sa tête » demande que l'on s'adresse à lui autrement que l'enfant vivant surtout à partir de son ressenti. Ce dernier, à son tour, vit différemment et veut communiquer autrement que l'enfant qui se sent seulement concerné quand il a une action à effectuer.

On peut déjà discerner la prédominance de l'un des trois systèmes (système neurosensoriel, système rythmique, système des membres) à la manière dont l'enfant se présente extérieurement. Mais cela ne suffit pas. S'intéresser à de telles particularités, même quand il s'agit d'une tendance exclusive, nous donne à la longue la possibilité de trouver une compensation à cette tendance. C'est l'art pédagogique qui rend « fluide » la vie avec les élèves.

La manière de penser

On peut observer chez un élève (et chez soi-même) la manière de penser. Cela ne dit encore rien sur l'intelligence, mais seulement sur la façon dont l'élève pense. S'agit-il d'un penser plutôt conceptuel, analytique, ou davantage d'un penser par ensembles, imagé ? On peut vite se représenter l'importance de cette observation. Si, en tant que professeur, j'ai une manière de penser nettement conceptuelle et si je suis face à un élève qui pense davantage en ensembles, en images, il en résultera inéluctablement des incompréhensions. Le professeur s'imaginera par exemple que l'élève « présente des difficultés de compréhension » parce qu'il pense autrement que lui-même. Se faire une image de la manière de penser que l'élève met en œuvre de par sa nature propre peut se révéler d'une grande aide dans la communication entre élève et professeur. (Songeons également à ce qui peut se passer quand des professeurs habitués aux grandes classes doivent tout à coup donner des cours à de jeunes enfants. Les élèves allemands dans les 5e classes (CM_2) des « *Gymnasium* » classiques ont souvent pu ressentir la douleur d'avoir un professeur incompréhensible, car il ne parvenait pas à s'adapter à eux.)

L'exercice de l'imagination

Tout homme a des représentations, des images intérieures. Chez certains, ces dernières restent liées à la représentation, chez d'autres, elles commencent à mener une vie propre et deviennent de l'imagination créatrice. Tout homme possède aussi sa propre part de cette imagination créatrice. Les enfants, précisément, vivent fortement dans cette dernière et avec elle, par exemple quand ils jouent. Et cependant, le jeu représente pour eux quelque chose d'extrêmement sérieux, même quand il est riche en imagination. Certains enfants montrent une imagination très active, d'autres moins, ils sont plus terre à terre. Les enfants qui vivent fortement dans les productions de leur imagination ont souvent du mal à prendre du recul, c'est comme s'ils étaient « possédés » par leurs images intérieures.

Dans les écoles, on voit par exemple au quotidien des élèves de 3e classe qui, dès qu'ils ont un instant libre, sont totalement pris par un jeu dans la cour. D'autres se tiennent là debout et les regardent. Quand, en sixième, on fait une rédaction, certains ont un regard malheureux (« *Qu'est-ce que je vais bien pouvoir écrire?* ») ; d'autres noircissent page après page.

Ici aussi, il importe de percevoir les particularités des élèves et, en fonction de la situation, de les conduire vers quelque chose de nouveau. On attirera davantage l'attention de l'un sur un élément matériel, celle de l'autre sur un élément esthétique. Par ailleurs, on se demande si, en tant qu'enseignant, on a conscience du côté vers lequel on penche soi-même. Quelle est mon activité intérieure au contact des élèves? Ai-je par exemple la force de me représenter comment je me sentirais si j'étais dans la peau de cet élève? Comment serais-je alors en tant que professeur?

Les enseignants ne sont-ils pas justement appelés à mettre en œuvre leur imagination quand il se produit à l'école tel ou tel incident? C'est précisément la manière de traiter au quotidien avec imagination les petits manquements et les plus importants en évitant la « piqûre de morale » qui rend la vie à l'école supportable pour les deux parties.

Les intérêts

Quand les élèves deviennent plus âgés, les talents et les intérêts de chacun deviennent visibles. (Naturellement, des talents très marqués peuvent aussi apparaître plus tôt.) Les intérêts sont nombreux, mais une tendance se manifeste toujours. Ils peuvent s'envoler vers un idéal (« *Je veux devenir un chef d'orchestre célèbre!* ») ou prendre une direction plus prosaïque (« *Plus tard, je veux gagner beaucoup d'argent et conduire une grosse voiture.* ») Ces exemples concernent plutôt de jeunes enfants ; chez les élèves de 6e ou 7e classe, il en va déjà autrement : l'un d'entre eux plonge totalement dans l'univers du cheval, l'autre devient un mordu d'informatique.

Il ne s'agit pas de porter un jugement de valeur, mais plutôt d'observer la tendance. Qu'est-ce qui intéresse l'élève ? Pour quoi s'enthousiasme-t-il ? L'un comprend très rapidement tout ce qui concerne les avions et les aéroports, l'autre veut sauver les océans de l'asphyxie par le plastique. Pour l'un, la philosophie représente tout, pour l'autre, ce sont les cours de la bourse. Certains parviennent à une véritable détente en pratiquant un art, d'autres en se promenant ou en prenant un verre de bière. L'un préfère aller au cinéma, l'autre au musée. L'un compose (secrètement) des poèmes durant son temps libre, l'autre a construit dans une soupente (également en secret) un circuit de train miniature. Tout cela est pleinement justifié pour l'individu lui-même : ce sont ses intérêts.

La direction prise par les intérêts montre que le sexe commence également à jouer un rôle. On trouvera la passion pour les chevaux en 6e classe davantage chez les filles que chez les garçons. Les mordus d'informatique sont (presque) tous des garçons. Ici, les particularités de la constitution masculine et de la constitution féminine commencent à intervenir même pour les préférences de l'âme, également marquées par la féminité et la masculinité.

Steiner critiqua sévèrement l'utilisation pédagogique d'un talent pour le choix de la profession. (Au sens de : tel élève est vraiment fort en maths, il doit donc faire des études dans cette matière.) Il voulait dire que l'école n'a pas à pousser l'élève dans une direction prédéterminée par ses capacités. Il se pourrait en effet qu'un élève très doué en mathématiques n'ait précisément pas pour destin de devenir mathématicien, parce qu'il maîtrise déjà cette discipline. Mais l'inverse peut également se présenter : un jeune découvre dans les cours sa passion pour une matière et veut ensuite l'étudier. La règle pédagogique est donc celle-ci : les talents d'un élève peuvent décider de la suite de ses études et de son avenir, mais ils ne doivent pas nécessairement le faire.

L'origine des intérêts, par contre, est mystérieuse. D'où viennent-ils ? Certes, ils sont en partie déterminés socialement et génétiquement, ils ont quelque chose à faire avec la constitution de l'élève. La question subsiste cependant : d'où vient un intérêt ? Pourquoi cette jeune fille veut-elle toujours jouer aux échecs? Pourquoi une autre sait-elle à 16 ans qu'elle veut étudier la sinologie, ce qu'elle fait effectivement plus tard?

Les intérêts peuvent représenter une aspiration encore tout à fait inconsciente, comme quelque chose qui dirigerait vers un type de profession, vers un métier futur encore profondément enfoui dans les profondeurs.

Nous le voyons, deux grandes réalités peuvent agir sur les élèves des grandes classes: la culture d'un large spectre d'intérêt (le programme) et les rencontres humaines. Dans la conception de l'école Waldorf, les adolescents devraient, de ce fait, avoir le droit d'accéder à une *culture générale riche, ce qui demande du temps.*

L'homme « du haut » et l'homme « du bas »

Ces expressions sont couramment employées dans la terminologie anthroposophique, et elles se révèlent d'une clarté inégalée. Chacun connaît des situations de vie dans lesquelles il doit trouver des solutions, et chacun a également fait l'expérience que résoudre une situation, qu'elle soit positive ou négative, se révèle parfois simple et parfois moins. Chacun connaît aussi des personnes pour lesquelles la prise de décision est plus facile. Pour d'autres, au contraire, c'est une tâche presque insurmontable. Le chemin entre l'intention et la réalisation est-il direct, ou des obstacles surgissent-ils entre les deux ?

Cet ensemble de questions touche à l'intégrité (future) de l'être humain. L'école Waldorf essaie d'éduquer ses élèves de telle sorte que, une fois adultes, ils soient en situation, ayant une intention (homme du haut, celui de la tête), de la réaliser par les actes appropriés (homme du bas, celui des membres). Une éducation peut-elle conduire à ce que nous fassions comme de nous-mêmes « le bien » ? L'école Waldorf tend vers cela, mais pas en faisant la morale, car les prêches ne transforment les attitudes que rarement. Conférer une sûreté (ultérieure) dans l'action est une des tâches fondamentales de sa pédagogie, et elle essaie de préparer cette (future) intégrité en prenant la voie d'une éducation à caractère artistique ; elle considère en effet que toute activité artistique intègre « l'homme du haut » dans « l'homme du bas ». Cependant, peu de concepts prêtent autant à confusion que celui d'« éducation à caractère artistique », même dans les milieux de la pédagogie Waldorf eux-mêmes.

L'homme religieux

Dans son essai sur la politique de l'éducation, Gert Biesta écrit que, pour lui, l'école a trois tâches : former des compétences, socialiser et, pour reprendre sa formulation, « *faire que l'individu devienne un sujet*». Dans le langage de l'anthroposophie, nous parlerions de «développement du moi». Il constate ensuite que, là où l'éducation et l'enseignement sont organisés et financés par un État qui en porte la responsabilité, l'éducation est de plus en plus orientée exclusivement vers le développement de compétences, car ce domaine peut être aisément soumis à des tests et à des contrôles.

Or, selon Biesta, la socialisation et l'individualisation sont les *véritables* tâches, car elles déterminent les «valeurs intérieures» durables. On peut tirer beaucoup de ce point de vue. Quand l'apprentissage n'est pas considéré comme une simple acquisition de compétences, mais comme une appropriation de la vie dans le monde et dans la communauté humaine, alors cet apprentissage possède une qualité qui relie. Vu de cette manière, l'apprentissage, s'il veut englober les trois tâches, a aussi une touche religieuse. Tout ce qui a un lien avec la volonté d'apprendre, le respect de l'homme et du monde, les intérêts, l'étonnement, l'enthousiasme, éveille en tant que tout cette religiosité non confessionnelle. Cela veut dire que dans les écoles Waldorf, on peut percevoir cette touche religieuse comme un léger arrière-plan.

Évidemment, les écoles proposent aussi, à la demande des parents et selon les habitudes du pays dans lequel elles se trouvent, un enseignement religieux au sens courant du terme. L'orientation confessionnelle suit le souhait des parents; de nombreuses écoles proposent aussi un « enseignement religieux chrétien non confessionnel ».

Enseigner artistiquement

Ce qui va être exposé ci-après permettra de mieux comprendre ce que l'on entend par enseigner artistiquement. Nous commencerons par distinguer quatre champs d'action de l'élément artistique :

- les enseignants et leur relation personnelle à l'art ;
- l'utilisation de l'art dans l'enseignement ;
- l'art de l'éducation ;
- l'esthétique.

Avec la notion d'« enseignement artistique », on aborde un thème essentiel de l'art de l'éducation ; on peut considérer l'articulation proposée ici comme une aide pour éclairer des aspects de cet enseignement artistique. Il va sans dire que, dans cette énumération, le troisième point occupe une position centrale. Étant donné qu'enseigner artistiquement revêt une signification différente pour un professeur d'éducation physique, pour une jardinière d'enfants et pour un professeur de chimie ou de langues, il va falloir établir des distinctions plus fines.

Les enseignants et leur relation personnelle à l'art

Lorsqu'il donna les premières indications pour une formation des maîtres (encore à venir), Steiner accorda déjà une grande valeur à l'activité artistique, à la pratique régulière de l'art. Précisément au sens d'une unité constituée par l'homme « du haut » et l'homme « du bas », un enseignant peut difficilement obtenir de bons résultats s'il ne peut pas s'appuyer sur ce à quoi il est parvenu lui-même. C'est pourquoi l'un des principes formulés par Steiner est le suivant : « *L'éducation est* toujours *éducation de soi-même.* »

Pour devenir enseignant en ce sens il faut donc découvrir d'une quelconque manière sa fibre artistique et l'utiliser. Une « nature artistique » aide à avoir des relations fluides avec les personnes que l'on côtoie, les élèves et les collègues. Elle vivifie l'imagination dans la pensée et aide à être inventif quant à la méthode. Pour l'un, cette fibre artistique va vers les arts plastiques, pour l'autre vers la musique ou le théâtre. Le futur enseignant s'adonnera à une pratique artistique correspondant à ses dispositions et à ses inspirations. En outre, cela pourra constituer un contrepoison salutaire à une orientation de vie petite-bourgeoise.

L'utilisation de l'art dans l'enseignement

Même si cela semble étrange, nous devons souligner ici que la peinture, le dessin et le modelage *ne constituent pas* l'essence de la pédagogie Waldorf! Ils sont cependant une marque caractéristique importante: un cahier de période réalisé avec soin et avec goût constitue un processus intégratif important pour les élèves: ce qui a été *appris* a aussi été *réalisé*. Cet exemple simple permet de voir l'effet de l'intégration entre l'homme «du haut» et l'homme «du bas»; on comprend aussi comment l'enseignement par période, par l'invention du cahier de période, rend possible l'éducation globale: ce qui a été appris est utilisé dans l'action et non pas seulement dans la cognition.

Quand les élèves s'entraînent à réaliser des dessins de formes[10] de plus en plus complexes, cela contribue à développer leurs forces créatrices. La peinture leur permet d'exprimer des ambiances par des couleurs, et cela fait naître dans l'âme une force qui, sans aucun doute, conduit à ne pas vivre les choses de manière plate et « unidimensionnelle », mais à devenir plus réceptif à de nombreuses impressions intérieures et extérieures. On pourrait évoquer dans le même sens les autres activités artistiques.

On reproche souvent aux écoles Waldorf d'utiliser toujours les mêmes « clichés » artistiques, ce qui entraverait l'expression libre et l'empêcherait de se déployer. En ce qui concerne les productions, on peut comprendre cette critique. Cependant, ce qui importe dans cet « art », ce n'est pas tant le résultat que la manière d'y parvenir. (Ce qui ne veut pas dire qu'il ne peut pas naître des productions extraordinairement belles et individuelles, surtout dans les classes supérieures. Dans les classes inférieures, on sait d'expérience que, malgré les prétendus « clichés », celui qui connaît les enfants peut aisément percevoir la touche individuelle d'un élève.) Un observateur pourra taxer les peintures accrochées aux murs de la classe de répétition inlassable et, de ce fait, les dédaigner. Il n'empêche qu'une activité artistique a été mise en œuvre, même dans ces productions. Et finalement, le mot art ne désignait-il pas à l'origine un savoir-faire ? Qui concevrait l'idée de reprocher à un apprenti pianiste de travailler les mêmes gammes que tous les autres ?

On critique également parfois la relation entre l'art et l'apprentissage dans les grandes classes. Les élèves des grandes classes eux-mêmes souffrent parfois dans certains pays d'une surcharge en matières artistiques quand le collège des professeurs ne peut pas établir une relation juste entre les exigences intellectuelles et l'activité artistique. Ce problème peut disparaître quand on cherche à trouver la juste mesure. La clé sera l'individualisation de l'offre artistique au niveau du lycée.

L'art de l'éducation

C'est le cœur même de cette pédagogie. On entend par là un enseignement qui respire, qui oscille entre concentration et détente, entre écoute intensive et travail personnel, un enseignement qui connaît des crescendos dans la mesure où il s'approche du sujet, le présente, puis l'approfondit par le travail. Des sujets connexes s'ajoutent, également des moments de réflexion, d'activité propre ou de travail en groupe. En bref, cet enseignement prend la forme d'un processus respiratoire.

C'est comme la forme sonate en musique classique : le matériau thématique est présenté (exposition), transformé (développement), puis repris sous une forme amplifiée (réexposition) pour aboutir à une conclusion (coda). Il n'est pas exagéré de comparer la forme d'un cours réussi à des lois formelles de ce type en musique. Dans les classes plus élevées, la conclusion aura lieu le lendemain et élèvera ce qui est à apprendre au niveau du concept.

On peut dire de celui qui « compose » son enseignement de cette manière qu'il agit en « artiste de l'enseignement ». Le cours ne suit pas les rails temporels du temps biologique, il a au contraire une forme propre, un plan « musical » ; l'expérience du temps devient dynamique, élastique. C'est pourquoi le début du cours revêt une importance particulière : les élèves peuvent-ils sentir que quelque chose va advenir ? Ou bien est-ce comme d'habitude ? La suite en dépend largement. Si les élèves sentent que quelque chose va advenir, sans savoir encore quoi (mais l'imminence en est perceptible), alors l'enseignement a un tout autre cachet que lorsqu'il se déroule toujours semblable à lui-même. Si un enseignement motivé de l'intérieur doit éclore, ce sont là ses conditions d'existence. En ce sens, on peut alors aussi parler d'artiste de l'éducation.

Un des effets d'une manière de travailler qui respire de la sorte est que les questions de discipline passent au second plan. Les élèves se sentent insérés dans un courant de sens. Si, en outre, les professeurs ont appris à ne pas considérer les élèves comme une masse, mais à diriger le regard vers chaque individu de sorte qu'une relation individuelle puisse s'établir, alors on a atteint un stade idéal de l'art de l'éducation.

Ici aussi, nous dépeignons l'idéal. On peut être convaincu de la nécessité de tendre vers lui, pour pouvoir trouver une orientation qui conduise à l'identité de l'art de l'éducation. On rétorquera certainement que cet idéal est trop élevé. Mais, nous en sommes convaincus, on peut répondre que parvenir à mettre en œuvre l'art de l'éducation est, certes, une question de compétence, mais bien plus encore une question d'attitudes que l'on considère comme nécessaires. L'une de ces attitudes (les élèves remarquent immédiatement sa présence ou son absence) est l'enthousiasme. À l'école Waldorf, rien ne se fait sans un enthousiasme fondé et fondateur.

L'esthétique

Pour terminer, nous aborderons le quatrième aspect de ce qu'englobe l'idée d'enseigner artistiquement. Comme nous l'avons déjà exposé plus haut, on peut dire que grandir dans un environnement esthétiquement soigné est l'un des droits de l'enfant. Les élèves ne passent-ils pas des années importantes de leur développement dans un seul et même environnement ? Les formes et les couleurs, le « geste » fondamental d'un bâtiment se gravent profondément dans le potentiel de souvenir inconscient des élèves. Ils donnent à l'âme une ambiance fondamentale qui les accompagnera leur vie durant.

Le plus important n'est pas que l'environnement soigné, beau, dans lequel l'enseignement est dispensé corresponde à *nos* idéaux esthétiques. Il importe bien plus que l'environnement puisse agir sur les enfants et les élèves au sens d'une esthétique.

Les écoles Waldorf ont innové de façon marquante au croisement de l'art et de l'artisanat. Ces innovations ont pris leur départ à l'école Hibernia initiée par Klaus Fintelmann à Wanne-Eickel, dans la Ruhr. Le fondateur de cet établissement avait la conviction que l'éducation intellectuelle devait aller de pair avec le développement de savoir-faire artisanaux au sens de ce qui a été exposé plus haut. De nombreuses générations d'élèves y ont achevé leur scolarité avec en poche à la fois le diplôme du baccalauréat et un CAP d'ajusteur-mécanicien, par exemple. Un certain nombre d'écoles Waldorf, en tout cas en Allemagne, ont repris cette idée, chaque fois différemment. Aujourd'hui, des sections professionnelles sont souvent créées dans ces établissements, mais il existe encore des écoles Waldorf comportant de vastes ateliers dans lesquels les élèves réalisent aussi du travail à façon, et tout cela à côté des autres enseignements.

Technique et éducation

Il n'y a pas si longtemps, on disait parmi les parents Waldorf en Allemagne, pays dans lequel il était d'usage que le professeur de classe rende une visite à chaque famille dans les petites classes pour connaître l'environnement dans lequel vivaient ses élèves, que lors de cette visite, il fallait dissimuler le téléviseur sous un tissu et affirmer que l'on ne regardait pas la télévision. On a en effet toujours accusé l'école Waldorf d'avoir d'une certaine manière une attitude hostile à la technique. Ce qui est exact, c'est que dans les écoles Waldorf, on se pose la question du rôle que la technique peut et doit jouer dans l'éducation. La technologie en tant que matière incite également à se poser ces questions.

Le résultat de ces réflexions peut être résumé ainsi : on essaie d'introduire la technique et son utilisation de telle sorte que l'utilisateur (dans ce cas, l'élève) reste le plus possible maître de la chose et qu'une addiction n'apparaisse pas. Il serait intéressant de réaliser une étude pour voir à quel point les écoles s'approchent de ce but. Mais une telle étude n'est pas simple à mener, puisque le paysage technologique, en particulier celui des médias, se transforme très rapidement. Début 2014, on a déjà fait le pronostic que les médias sociaux tels que Facebook et Twitter allaient bientôt être dépassés et que Whatsapp serait le dernier cri dans ce domaine.

On peut rencontrer deux positions extrêmes par rapport à cet ensemble de questions : l'une combat ces possibilités de la technique pour « protéger » les élèves, l'autre les accepte totalement. On peut constater la présence de la première attitude dans les écoles Waldorf américaines, où les parents sont effectivement priés de limiter l'utilisation des médias électroniques pendant l'enfance (cela fait souvent partie là-bas des principes de l'école). On trouve la seconde attitude par exemple dans les grandes classes des écoles Waldorf hollandaises, où les médias électroniques sont intégrés dans la vie de l'école et dans les relations entre les élèves et l'école.

Il n'y a dans les écoles Waldorf aucune attitude hostile à la technique ; on se penche bien plus sur la question de savoir ce qui a du sens et ce qui constitue, en éducation, le juste équilibre entre l'appartenance à une époque et la santé. Car l'éducation n'est *jamais* sans conséquence :

tout, dans l'éducation, a un *effet*, à court terme ou à long terme.

Les travaux de Manfred Spitzer, en Allemagne, et des articles de plus en plus fréquents de quotidiens et de périodiques montrent que les écoles Waldorf ne sont pas sur une fausse voie. Ces publications sont aussi intéressantes parce qu'elles montrent que, dans les milieux scientifiques, on en sait beaucoup plus sur l'effet des médias que ce que ces médias eux-mêmes sont disposés à communiquer à un large public (ou à l'opinion publique). Les écoles ont aujourd'hui, entre autres tâches, à donner aux élèves une « compétence médiatique ». Cette compétence ne sera acquise de manière efficace que si le savoir débouche sur une démarche consciente dans l'utilisation des médias (compétence). Se contenter d'attirer l'attention sur des dangers peut provoquer un effet inverse à celui qu'on souhaite.

Dans le mouvement allemand des écoles Waldorf, Heinz Buddemeier, Rainer Patzlaff et Uwe Buermann ont beaucoup apporté dans ce domaine, par des conférences et des publications.

Dans certaines écoles Waldorf, l'enseignement de l'informatique commence par l'apprentissage de langages de programmation et des bases de cette discipline en technologie, mais aussi en mathématiques. Certaines écoles font construire par les élèves de 9e classe des relais permettant d'additionner ou de soustraire. Le but vers lequel on tend est le suivant : comprendre au moins les rudiments de ce qui se passe dans la « boîte noire » qu'est l'ordinateur. Une caractéristique Waldorf : on veut savoir comment fonctionne l'outil que l'on emploie.

C'est la tâche de l'école de *ne pas ouvrir la voie* aux comportements de dépendance. On pense en général, quand on évoque l'addiction, aux substances (alcool, tabac, drogues) et l'on imagine moins que des habitudes puissent devenir des addictions. Or ces addictions dans le comportement deviennent de plus en plus actuelles. Qui mène ici la barque, et qui sont les passagers ?

Le contact avec la technique conforme à l'être humain et le fait d'éviter les comportements addictifs est une caractéristique des écoles Waldorf. Leur réussite dépend de la possibilité de collaborer avec les familles dans ce domaine

Les sources

L'art de l'éducation est dû au génie de Rudolf Steiner. Les sciences de l'éducation ont souvent présenté nombre de ses approches les plus importantes et en ont débattu. Nous devons toutefois reconnaître honnêtement que ces sciences de l'éducation n'ont jamais conduit à une véritable réforme en profondeur du système scolaire. Ce qu'elles ont accompli, c'est le perfectionnement de ce que l'on connaissait dans le sens d'un enseignement qui vise les résultats, sans guère se soucier des lois du développement des enfants. Une société de résultats crée des écoles en vue des résultats. Nous osons remettre cette tendance en question.

Précisément les (quelques) critiques des écoles Waldorf possédant une orientation scientifique ont pu avec loyauté reconnaître cela et le formuler: jusqu'aujourd'hui, l'école Waldorf représente le seul modèle d'enseignement nouveau et homogène qui englobe toute la scolarité de la maternelle au baccalauréat, et ce, dans 56 pays. Sa source est l'art de l'éducation exposé par Steiner dans de nombreuses conférences données entre 1902 et 1924, qui prirent le caractère d'un cours fondamental lorsque la première école Waldorf fut fondée en 1919. Ces fondements doivent leur existence à la quête de connaissance de l'anthroposophie qui, entre autres, comprend une conception fortement élargie de ce que nous entendons par être humain. Elle comprend également la volonté de poser des questions les plus profondes de l'existence : d'où venons-nous, où allons-nous ? Steiner indique des chemins pour se familiariser avec ce qui précède la naissance et ce qui suit la mort, comme le faisaient encore il n'y a pas si longtemps les philosophies de l'idéalisme allemand. L'idée de la réincarnation, par exemple, se trouve chez Lessing, Schelling, Goethe et Herder.

Aujourd'hui, les idées sur ce qui précède la naissance et sur ce qui suit la mort sont encore soumises la plupart du temps à l'« autorité » de convictions religieuses qui déterminent si des pensées dépassant les frontières de la vie terrestre sont à accepter ou à repousser, car elles se situent, selon elles, dans le champ de la foi. Il faut une certaine indépendance intellectuelle pour vérifier la pertinence de telles pensées par soi-même, pour se demander si telle ou telle chose pourrait être pensable. Existe-t-il des voies conduisant à une expérience d'évidence, à une vérification individuelle de telles représentations et de tels concepts ?

Sa vie durant, Steiner espéra que la communauté scientifique prendrait au sérieux ses recherches sur le spirituel et les compléterait de son propre point de vue. Mais il dut constater qu'il n'existait nulle bonne volonté en ce sens. Les sciences se murèrent dans leur concept limité de la science. Pour l'essentiel, une disposition en ce sens manque encore aujourd'hui.

Nous voyons en Steiner un initié moderne comme on peut aussi en voir en d'autres personnalités marquantes du XXᵉ siècle, par exemple le secrétaire général des Nations Unies, Dag Hammerskjöld. Tous deux avaient la possibilité de pénétrer consciemment dans le monde des origines et de le décrire avec la conscience d'ici-bas. C'est ainsi que Steiner a pu brosser le tableau d'une prodigieuse cosmologie ; pour celui qui, dépourvu de pouvoirs de vision, écoute la relation qui est faite, elle résonne comme un « grand récit ». Un récit qui établit des liens de sens colossaux, extrêmement satisfaisants d'un point de vue intellectuel pour l'être humain avide de sens et qui voudrait se libérer de l'étroitesse d'une vision donnée par les seules sciences exactes.

L'anthroposophie n'a rien contre une vision du monde nourrie par les sciences exactes. Elle considère par contre que cette vision, seule, ne suffit pas pour expliquer les phénomènes et les mystères de l'univers. Elle indique des voies pour percevoir, comprendre et décrire la seconde moitié de la réalité, celle qu'il est nécessaire d'apporter en complément. Une conception de l'être humain se développe ainsi, qui dépasse le simple plan du visible et parvient à un principe, chez l'être humain, qui engendre la « vie ». Quelles que soient les découvertes passées et futures de la physiologie, la vie elle-même est et demeure un mystère inaccessible à une manière de voir s'appuyant seulement sur les sciences exactes. (En réalité, la science reconnaît volontiers ce manque dans son savoir et dans ses modèles d'explication.)

Il en va de même pour la question de l'intériorité de l'être humain, de l'âme. Si l'être humain est *seulement* un ensemble génial de réactions biochimiques, quel est alors le sens de la vie ? Quel est celui de la biographie ? Si l'amour est *seulement* dû à des hormones déréglées et n'a pas de côté spirituel, quel est alors le sens de l'empathie, de l'amour du prochain, de la pitié et du bonheur ? Et pourquoi l'homme essaie-t-il de donner forme à une biographie qui soit la sienne propre ? Cela ne peut avoir de sens que si l'homme, tel qu'il apparaît à nos yeux, a *également* une identité spirituelle qui existait avant la naissance et continuera d'exister après la mort. Pourquoi, sinon, saisissons-nous le sens d'une existence en considérant les actes de la biographie ?

Par ces questions, nous avons essayé de présenter rapidement l'idée de l'être humain quadripartite. Celui-ci existe corporellement sur terre et porte en lui le principe de vie. Une âme qui ressent, qui apprend et qui se développe s'incarne dans ces deux éléments. L'ensemble est maintenu cohérent par l'individualité spirituelle de l'être humain, son moi.

Le développement de ces quatre constituants de l'être humain n'est pas simultané. Durant la petite enfance, c'est le développement corporel et celui des fonctions vitales qui prédominent, le déploiement psychique commence seulement ensuite et lentement ; il ne peut jamais précéder les autres. Et pour se trouver soi-même, pour se vivre comme un être humain qui se détermine par lui-même, il faut encore plus de temps, on doit attendre la fin de la deuxième décennie de vie. C'est comme le développement d'une plante, qui a besoin de prendre son temps pour croître jusqu'à la floraison et la production de graines. L'épi ne viendra pas plus tôt si l'on tire sur la tige. Quand on considère les éléments du développement humain sous cet éclairage, on peut s'en représenter les conséquences pour une pédagogie conforme à l'être humain et à l'enfant.

Cela signifie en outre que ce qui n'est pas accessible aux sens n'est pas dépourvu d'existence, mais empli de sens et d'essence. L'anthroposophie et l'art de l'éducation qui se fonde sur elle cherchent à réaliser l'intégration des deux mondes, à partir de cette conviction : l'existence humaine pourra trouver une forme qualitativement meilleure à l'aide de perspectives qui dépassent la rationalité quotidienne. Cela *ne signifie pas* que ces fondements de la nature humaine sont transmis aux élèves, et pas davantage que les parents sont incités à les « admettre ». Ce n'est nullement le cas, et ce n'est pas non plus ce vers quoi l'on tend. Ce à quoi l'on aspire, par contre, c'est à une amélioration qualitative de l'éducation et de la formation à partir de l'anthroposophie et de l'art de l'éducation ; nous pensons en effet que, dans l'éducation, ce sont ces valeurs ajoutées qui importent. Or, de façon surprenante, la science confirme aujourd'hui qu'une éducation se contentant de transmettre des savoirs par des procédés éprouvés n'est pas ce dont a besoin l'être humain en devenir. Elle n'est toutefois pas parvenue jusqu'alors à indiquer des transformations applicables ni même à faire des propositions.

Quoi qu'il en soit, cette « conversation à distance » entre l'impulsion totalement nouvelle des écoles Waldorf et la manière traditionnelle d'enseigner se poursuivra certainement encore un certain temps.

La conception élargie de ce que peut signifier être un être humain entraîne, entre autres conséquences, que l'on devient attentif à certaines lois du développement humain. Ces lois trouvent ensuite une application en pédagogie, aussi bien dans la méthode que dans le programme. La méthode et le programme reflètent les exigences du développement dans lequel l'enfant est inséré. Ils ont un caractère archétypique et sont formulés de manière ouverte, si bien qu'ils peuvent évoluer et qu'ils ont effectivement évolué. Le nombre des publications qui ont poursuivi l'élaboration du programme et son élargissement est très important, et ce, au niveau international. Un courant de recherche ininterrompu s'intéresse à la pédagogie, à la méthode et au programme ; la recherche empirique se tourne aussi vers la pédagogie Waldorf et ses pratiques.

Malgré cela, il a fallu longtemps pour pouvoir lever dans certains pays une méprise tenace, à savoir que les écoles Waldorf étaient des « écoles pour former des anthroposophes ». C'est la recherche empirique qui, en fin de compte, a écarté ce malentendu. Dans certains pays, les Églises (au sens plus étroit, leurs membres chargés de l'étude des sectes) ont eu du mal à accepter l'idée qu'une idée issue du courant de pensée anthroposophique pouvait, par ses effets, stimuler des qualités humaines universelles telles que la tolérance, l'intérêt, la sociabilité et la faculté de se déterminer par soi-même. Les Églises ne se sont jamais empressées de corriger les fausses interprétations, les affirmations inexactes, les préjugés, ou la stigmatisation. Dans d'autres pays, ce sont les associations de prévention contre les sectes ou les services gouvernementaux correspondants qui ont jugé la pédagogie Waldorf sans faire l'effort de la connaître ni entamer un dialogue ouvert avec ses porteurs.

Défis posés par le présent et aptitude à aller vers l'avenir

Comme nous l'avons déjà souligné, la pratique des écoles Waldorf a été présentée ici sous sa forme idéale, afin d'orienter le lecteur sur ce que recouvre vraiment le vocable « Waldorf ». Mais, on s'en doute, toute école est, en ce qui concerne sa qualité, tributaire de ses enseignants. Les exigences de l'art de l'éducation de Steiner sont élevées, mais accessibles. Il arrive cependant que des élèves et des parents se détournent de l'école Waldorf, déçus. Les idéaux avec lesquels ils s'étaient approchés de l'école n'ont pas été satisfaits, ou ils ont été recouverts par des expériences négatives. On perçoit alors un appauvrissement, une perte d'idéal, certains diront même une perte de l'idéologie. Cependant, si ce nouveau paradigme éducatif que représentent les écoles

Waldorf était une idéologie, alors il serait grand temps de la réduire au silence. En réalité, l'idée de cette école se comprend comme un idéal, car *sa justification réside exclusivement dans une pratique féconde*. C'est l'*unique* élément décisif. Cette idée contraint toute théorie au silence : ces écoles introduisent-elles leurs élèves dans la vie de sorte que l'éducation continue d'agir, en favorisant la *santé* et sans effet nocif ? Assure-t-on une méthode qui corresponde aux *capacités* et aux *possibilités* des élèves ? L'*intérêt* pour l'être humain et le monde, la *sociabilité* et la faculté de *mener sa vie* de manière responsable ont-ils été travaillés et sont-ils devenus des facultés ? Voilà les critères qui déterminent en fin de compte la qualité de l'école. De nombreux obstacles se dressent aujourd'hui devant ceux qui veulent aller dans ce sens.

Défis externes

Une tendance généralisée de par le monde consiste à limiter l'éducation à l'optimisation d'un nombre restreint de facultés. Il en résulte une spirale ascendante de résultats. Les enquêtes PISA en sont un exemple typique. Plus personne ne demande si elles tiennent compte des enfants qui doivent parvenir à ces résultats. De nombreuses écoles ont entraîné leurs élèves à ces tests, afin d'obtenir par la force de bons scores. Cela a peu de choses à voir avec un véritable apprentissage, parce que ce que l'on apprend de cette manière n'est pas durable. On parle cependant d'une «société du savoir». La vie réelle montre au contraire encore et toujours que la plupart des métiers demandent un savoir-faire et non un simple savoir théorique.

Les écoles Waldorf se positionnent ici en antithèse, comme presque toujours dans ces débats, car leur critère est le bien-être et le développement individuel des êtres humains en devenir; ce sont ces derniers qui prennent la position centrale, et non telle ou telle tendance.

Parfois, le fait de nager sans cesse contre le courant est vécu dans le milieu Waldorf comme fatigant, et on se souhaite un quotidien normal et une compréhension pour ce que l'on veut réaliser. C'est, il faut bien le constater, le destin d'une pédagogie qui affirme elle-même vouloir suivre de *nouvelles* voies. On peut même dire que les écoles Waldorf ont créé un nouveau paradigme éducatif qui réunit l'apprentissage et le développement des facultés personnelles.

La relation entre l'État et l'école

Les écoles Waldorf considèrent qu'elles existent pour répondre à une demande de la société civile: des personnes libres et citoyennes (les parents) veulent une certaine éducation pour leurs enfants. La constitution allemande adoptée après la Seconde Guerre mondiale offre à cette tâche relevant de la société civile la possibilité et l'espace de réaliser une impulsion d'éducation différente. Jusqu'alors, cette possibilité a été saisie par les écoles libres. Mais il existe d'autres manières de l'utiliser.

Dans d'autres pays d'Europe, cet espace est notablement plus étroit, si étroit dans certains pays que l'identité des écoles Waldorf ne peut y être réalisée que de manière fragmentaire.

Diplômes de fin d'études et examens

La conception de l'école Waldorf ne peut pas être *hostile* aux examens, car la vie tout entière se compose d'épreuves. Mais l'État détermine avec une précision croissante les contenus des examens, jusqu'à des indications très détaillées ; le programme Waldorf risque donc de se voir réduit à sa portion congrue. Or il s'agit d'un programme qui va de pair avec le développement de l'élève, et l'on ne peut donc pas simplement le mettre de côté sans porter atteinte à l'identité de l'école. Par ailleurs, la porte serait grande ouverte pour un enseignement qui, dans les grandes classes, viserait à garantir la réussite aux examens au lieu de donner aux élèves ce dont ils ont besoin en réalité : des contenus qui éveillent leur intérêt, qui leur donnent accès à une compréhension du monde et qui les soutiennent dans leur individualisation. Ce problème est certes soluble, mais il nécessite une conscience aiguë de la véritable tâche de l'école et, par ailleurs, un courage énergique et de la force d'imagination pour concilier l'inconciliable.

Dans de nombreuses écoles, on fait l'expérience d'un portfolio de fin d'études, pendant que, simultanément, un groupe de collègues essaie d'obtenir que soit reconnu en Europe un « baccalauréat Waldorf » donnant accès à l'université comparable au baccalauréat international. En Suisse, la question de l'examen final est résolue par une « maturité » propre à l'école et reconnue par le canton et qui maintient en grande partie les contenus du programme Waldorf. La plupart des écoles répondent à la demande sociale que constituent les examens en les faisant passer à leurs élèves sous la forme habituelle et en essayant d'introduire la préparation aussi judicieusement que possible dans le quotidien scolaire avec les risques évoqués plus haut.

Exigences internes

Structure et impulsion

Toute idée qui veut devenir un idéal a besoin d'une coupe, d'une structure dans laquelle elle peut se réaliser. Sans une telle coupe, l'idée reste une idée. En ce qui concerne cette relation entre l'idée et la forme, on peut percevoir dans le monde entier qu'une certaine tendance agit, à savoir celle de la domination de la forme sur l'idée. Les questions de structure sont devenues des questions de contenu. On répond à bien des questions relatives au contenu par des formes et des structures. Des procédures fixées existent pour tout. La vie sociale subit par là une structuration excessive de tous ses aspects. On peut l'observer en politique, dans les domaines de la sécurité, de la santé, de l'économie, de l'éducation, etc. On peut également percevoir cette tendance dans les écoles Waldorf. Le quotidien se voit enserré dans un trop grand nombre de formes. Qu'une bureaucratie de plus en plus présente aille de pair avec cela est évident. Une pédagogie vivante a cependant besoin d'espaces de liberté, même dans sa pratique quotidienne. Des espaces de liberté pour décider, pour agir, pour choisir la forme. Si ces espaces de libertés sont trop restreints par un appareil réglementaire d'une densité excessive, cela étouffe la pédagogie. Cet appareil réglementaire pétrifie la vie de l'école. Il est important que l'idée, l'impulsion et la forme soient dans une relation juste les unes avec les autres pour qu'il soit possible de travailler librement, avec une libre faculté d'action. Il faut également que les formes soient toujours une expression de l'idée. Cet équilibre constitue l'atmosphère dans laquelle la pédagogie peut respirer. S'il n'est pas trouvé, la pétrification conduit inexorablement à un comportement dogmatique dans l'école. Le chemin jusqu'au repli sur soi-même n'est alors plus très long. Le dogmatisme et le comportement sectaire sont des déterminations par l'extérieur contraire à l'essence même de la pédagogie Waldorf. Précisément dans l'éducation, cet équilibre est important, car certaines habitudes de vie sont nécessaires. Pour la pratique pédagogique quotidienne, de bonnes habitudes sont une bénédiction. Elles doivent être cultivées consciemment. Si cette culture consciente s'étiole, les habitudes deviennent un fléau. Le quotidien pédagogique court alors le danger d'être ritualisé et d'être dénaturé en une routine non perçue en tant que telle. L'observateur qui aime mettre son grain de sel demandera alors le pourquoi et le comment de ce qu'il constate. Les enseignants devraient se poser régulièrement de telles questions

L'arbitraire

L'école Waldorf n'est pas arbitraire. Se réclamer de sa pédagogie, de sa méthodologie, de son programme lié au développement de l'élève signifie être professeur Waldorf. Comme, dans l'anthroposophie, tout est basé sur la liberté, on peut accepter ou repousser à son gré les conditions d'exercice de la profession. C'est le défi des champs de travail qui reposent sur les idées anthroposophiques. Elles ne représentent *nullement* un système fermé d'actes que l'on est tenu d'accomplir, elles se fondent entièrement sur ce que l'on fait parce que l'on en conçoit librement le bien-fondé. Les enseignants perçoivent-ils l'apport qualitatif des idées anthroposophiques à leur travail, sont-ils désireux de les transposer dans la pratique et en mesure de le faire?

Cette liberté fondamentale peut susciter l'apparition d'un arbitraire. Il commence dans des formulations anodines telles que «*Je vois les choses autrement*» ou «*J'ai une opinion différence sur ce sujet*», ou dans cette conviction souvent exprimée: «*Nous vivons maintenant à une autre époque*». Toute pédagogie doit se demander si ce qui est *moderne* représente vraiment quelque chose de *conforme à l'époque* pour la pédagogie, et apporter sa réponse à cette question. (Par «conforme à l'époque», j'entends ici l'acte juste au moment juste.)

Embourgeoisement

On ne souhaite à aucun enfant, à aucun élève un environnement pédagogique que l'on devrait qualifier de « petit-bourgeois ». On souhaite un déroulement vivant et varié de la scolarité, des idées rafraîchissantes, des rencontres originales et des points de vue stimulants. Si les aspects unilatéraux décrits plus haut s'installent, la vie pédagogique de tous les jours peut toutefois prendre un caractère trop conventionnel. On retrouve alors la même routine chaque jour. Une journée de classe est à s'y méprendre semblable à l'autre. Les rapports entre les enseignants et les élèves sont bien réglés, mais on reste en quelque sorte dans la grisaille, et de même entre le corps enseignant et les parents. Un effet collatéral de cette attitude est de ne pas permettre une direction transparente. Dans un tel environnement, des structures de pouvoir invisibles et fâcheuses prospèrent, engendrant de nombreux « dommages collatéraux » et irritant fortement les parents sans qu'ils puissent intervenir.

Chacun de nous commence sa journée avec une attente secrète : qu'apportera la nouvelle journée ? Vaudra-t-elle la peine d'être vécue ? Le soir, on portera consciemment ou inconsciemment un jugement sur la journée écoulée. A-t-elle apporté quelque chose ? Méritait-elle d'être vécue ? Ce sont les pensées d'un adulte, mais décèle-t-on souvent sur les visages des enfants qui se pressent vers l'école l'attente joyeuse de ce qui va venir ? Il est enfantin au plus beau sens du terme de se réjouir du nouveau jour. Bienheureuse l'école que les élèves quittent après les cours satisfaits des expériences du jour passé et contents rien qu'à l'idée de les poursuivre le lendemain.

La mission sociale

Quelqu'un veut devenir boulanger. Il ou elle suit les formations nécessaires. Puis vient le moment de se mettre à son compte. Le boulanger novice emprunte de l'argent et ouvre une boulangerie. Il fabrique son pain selon les normes en vigueur, mais aussi selon sa représentation de ce que doit être du bon pain. Le travail est varié et il doit chercher des employés pour servir les clients ou pour aider tôt le matin à faire le pain. La boulangerie prospère, car le pain est excellent et le service souriant. Tout va bien. La boulangerie grandit, le boulanger doit s'occuper de la décoration, des comptes et de l'élargissement de sa palette de produits. (Plus tard, une fois que l'entreprise emploie plus de dix collaborateurs, il doit chercher un comptable à mi-temps.) Il adhère au syndicat des boulangers indépendants, et y reçoit des indications pour une conduite encore plus efficiente de son entreprise. Il se saisit de celles qui conviennent à son cas, mais reste le chef de son magasin et le responsable du pain préparé, même s'il commence à partager les nombreuses tâches et responsabilités avec d'autres.

Les choses peuvent se passer ainsi. Voici maintenant un autre tableau :

Quelqu'un veut devenir boulanger. Il ou elle suit les formations nécessaires. Puis vient le moment de se mettre à son compte. Le boulanger novice se tourne vers une chaîne de boulangeries qui l'engage. Comme ses diplômes sont excellents, on lui attribue la direction d'un magasin de la chaîne. Les affaires vont bien, mais il n'a pas son mot à dire sur le pain qu'il doit vendre ; les produits sont livrés prêts à être cuits. La décoration du magasin est prise en charge par des spécialistes qui s'occupent des 120 magasins de la chaîne. Ils font la vitrine avec goût, en fonction des saisons. La comptabilité est aussi prise en main par la centrale, de même que la palette des produits.

Nous ne lierons aucun jugement de valeur à ces exemples, car même une boulangerie industrielle peut fournir d'excellent pain. Ils doivent simplement préciser comment Steiner approchait l'idée de l'*autogestion* : le premier exemple en montre une forme très simple et fréquente. En effet, on pourrait dire que le pain est d'une telle importance pour le bien-être des êtres humains qu'il devrait être fabriqué seulement par ceux qui peuvent en porter entièrement la responsabilité. (Dans notre exemple, le boulanger représente le collège des professeurs.) Steiner attribue en effet une telle importance à l'éducation que, pour lui, seuls ont le droit de la dispenser ceux qui en portent eux-mêmes la responsabilité. Cette responsabilité ne doit pas être rendue anonyme par l'industrie des méthodes ni par des politiciens dont les priorités peuvent être tout autres que l'école et qui, dans le cas où l'éducation est bien une de leur priorité, attendent la plupart du temps la même chose de toutes leurs « filiales ».

Bref, Steiner liait à l'idée de nouvelles institutions d'éducation celle d'une nouvelle forme de gestion, à savoir l'autogestion. Selon lui, celui qui veut? œuvrer dans une école de ce type devrait aussi être, dans tous les détails, responsable de tout ce qui se réalise dans l'institution, de même que le patron-boulanger est responsable de tout ce qui concerne sa boutique, avant tout, bien sûr, de la qualité du pain.

Les deux exemples doivent expliciter sous une forme simplifiée les idées fondamentales de l'autogestion. On pourrait penser que tous les métiers du social, c'est-à-dire ceux pour lesquels l'être humain constitue ce sur quoi l'on travaille ont besoin d'une forme d'autogestion. Il y a évidemment d'autres métiers que l'on peut tout à fait gérer autrement, par exemple la production industrialisée d'objets.

L'histoire de la fondation de l'école Waldorf montre que Steiner n'a au fond fait aucune autre suggestion que cette idée fondamentale de l'autogestion et la mise en place d'un collège pédagogique qui devait se réunir une fois par semaine et d'un collège de direction qui dirige l'école du point de vue administratif. Ce collège de direction missionne un directeur administratif et des collaborateurs pour l'administration.

Il y a des écoles qui s'organisent de cette manière, mais également d'autres qui mettent différemment cette idée en pratique ; d'autres encore ont abandonné l'idée de l'autogestion et ont mis sur pied une direction non assurée par des pédagogues. Quand on observe les écoles Waldorf, on constate qu'il existe toute une diversité de formes d'organisation.

Certaines écoles réagissent de manière très sensible quand l'harmonie sociale est mise à mal ; cela peut expliquer l'abandon ou la limitation de l'autogestion. La forme juste pour la direction et l'administration ne peut être trouvée que par l'école concernée elle-même, car toutes les écoles sont différentes. À partir d'un certain âge, les écoles doivent souvent redécouvrir leur forme d'organisation.

Les problèmes qui en résultent expliquent que l'on ait souvent tendance à faire appel à des conseillers extérieurs. De nombreuses communautés scolaires se sentent inaptes à se donner elles-mêmes une forme qui leur convienne. Précisément dans les écoles qui ont une trentaine d'années, des questions concernant l'organisation juste surgissent sous la forme de remous divers. C'est comme chez certains animaux : au bout d'un certain temps, ils doivent muer ou perdre leur bois pour que quelque chose de nouveau puisse naître.

Considérations finales

Avec toutes les insuffisances d'un travail toujours en processus, les écoles Waldorf méritent largement qu'on leur accorde de la reconnaissance pour le courage avec lequel elles suivent toujours leur propre voie, avec lequel elles nagent toujours contre le courant. Leur faculté de se remettre constamment en question ne peut également que susciter de l'admiration. Elles sont en effet jusqu'alors les seules écoles à essayer de mettre en pratique l'art de l'éducation de Steiner. Nous espérons avoir pu montrer ici que cet art de l'éducation mérite qu'on le pratique.

Il n'est pas facile de trouver un chemin entre l'arbitraire et la fixité, entre l'adaptation et le renouvellement, entre l'individualisme et la communauté. Mais les écoles sont en mouvement, et celui qui se meut de lui-même est moins mû par les autres.

L'univers scolaire présenté ici s'oriente pour l'essentiel d'après le mouvement pédagogique allemand ; il donne dans les grandes lignes une image des écoles germanophones dans leur ensemble, même si des différences non négligeables existent entre les écoles Steiner suisses, les écoles autrichiennes et les écoles allemandes. Le simple fait que les écoles ne soient pratiquement pas soutenues par l'État en Suisse et en Autriche, contrairement à l'Allemagne où elles sont largement subventionnées entraîne une autre relation entre les parents et l'école. On peut toutefois se convaincre à juste titre que les écoles Waldorf accomplissent peut-être la contribution la plus importante pour un renouvellement de l'institution scolaire. Mais même ce fait est insignifiant par rapport à la tâche qu'elles se sont fixée elles-mêmes, à savoir proposer aux générations à venir une éducation qui libère de manière durable des forces d'autonomie pour la vie des êtres humains les uns avec les autres, de sorte que les jeunes êtres humains puissent se tenir dans l'existence avec une créativité intellectuelle suffisante, en bref pour qu'ils puissent donner forme eux-mêmes à leur existence.

Que peut-il y avoir de plus beau que collaborer à une telle tâche ?

Notes du traducteur

1 À cette époque, l'enseignement, très rigide, se limitait au strict nécessaire. La plupart des élèves quittaient l'école à 14 ans.

2 On trouve aujourd'hui également l'appellation « école Steiner ». En France, on parle de pédagogie Steiner-Waldorf. Pour ne pas alourdir le texte, nous nous en tiendrons à la dénomination Waldorf.

3 En France, la première école vit le jour à Strasbourg en 1946.

4 Les écoles Waldorf utilisent quasiment dans tous les pays la numérotation « logique » : le CP s'appelle 1re classe et ainsi de suite.

5 L'école Waldorf, à ses débuts, était organisée de cette manière : un « professeur de classe » suivait ses élèves durant les 8 années de la scolarité obligatoire. Ensuite venaient les « grandes classes » confiées à une équipe de spécialistes. Le professeur de classe n'était pas un enseignant unique comme l'est souvent l'instituteur ou le professeur des écoles ; il était accompagné de collègues pour les langues, la musique,

l'eurythmie... Aujourd'hui, des écoles conservent ce type de fonctionnement. D'autres ont mis en place un système intermédiaire, au niveau du collège français (équipe restreinte, professeur principal qui suit la classe). Vu les différences d'une école à l'autre et d'un pays à l'autre, nous avons gardé une formulation relativement imprécise.

6 Le jardin d'enfant correspond à l'âge de la maternelle. On préfère garder cette dénomination, car il n'y a pas de scolarisation précoce. Comme on le verra au chapitre suivant, les apprentissages fondamentaux sont réalisés autrement que par des activités de type scolaire.

7 Cette remarque vaut surtout pour l'Allemagne, où l'après-midi a longtemps été libre, même pour les élèves plus âgés.

8 Ce vocable désigne des présentations scéniques de 5 à 20 minutes consacrées à l'une des matières abordées : grammaire, calcul, mythologie, histoire, géographie, etc. Très souvent, l'enseignant écrit le jeu pour ses élèves, en incluant éventuellement l'eurythmie et la musique. Toute une production originale et souvent éphémère a ainsi vu le jour

9 Même s'il s'agit de littérature mondiale, les auteurs changent selon les pays.

10 Le dessin de formes est une discipline propre à la pédagogie Waldorf. Il précède et accompagne l'apprentissage de l'écriture et se complexifie en suivant le développement de l'enfant.

Bibliographie

Bardt, Sylvia: *L'enfant et le mouvement – Pratique de l'eurythmie dans les écoles Steiner*, Triades 2011.

Collectif: *L'art de l'éducation – Les apprentissages fondamentaux dans les écoles Steiner-Waldorf*, tomes 1 et 2, Fédération des Écoles Steiner-Waldorf en France 2006.

Compani, M.L. / Lang, Peter: *Grandir au jardin d'enfants – La pédagogie Steiner-Waldorf et les moins de 7 ans*, aethera 2013

Hemleben, Johannes: *Rudolf Steiner, sa vie, son œuvre*, Triades 2011.

Kranich, Ernst-Michael: *L'enfant en devenir*, Triades.

Kutzli, Rudolf: *Le Dessin de Formes, source de créativité*, 2 tomes, Triades.

Schubert, Ernst: *La géométrie dans les écoles Steiner-Waldorf*, Fédération des Écoles Steiner-Waldorf en France, 2011.

Selg, Peter: *Le noyau spirituel de l'école Waldorf*, Triades 2011.

Steiner, Rudolf : *L'éducation de l'enfant*, Triades 2013
- *Les bases spirituelles de l'éducation*, Triades 2014.
- *Rudolf Steiner à l'École Waldorf*, conférences et allocutions pour les enfants, les parents et les enseignants (1914-1924), Novalis 2007.
- *La nature humaine, fondement de la pédagogie*, Triades 2008.
- *Méthode et pratique de l'art de l'éducation*, Triades.
- *L'éducation, un problème social*, Éditions anthroposophiques romandes.
- *La pratique de la pédagogie*, Éditions anthroposophiques romandes.
- *Vers un renouveau de la pédagogie*, Triades.

DVD : *Un autre chemin pour l'école*, un documentaire de 52 minutes écrit et réalisé par Guy Beauché, Fédération des Écoles Steiner-Waldorf en France, 2009.

Quelques sites :
- *en français* : www.steiner-waldorf.org
- *en anglais* : www.steinerwaldorf.org
  www.whywaldorfworks.org
- *en allemand* : www.waldorfschule.de
- *anglais et allemand* : www.erziehungskunst.de

Imprimé en France
Dépôt légal 1e trimestre 2015
ISBN 978-2-85248-383-5